위기에서
사람을
살립니다

위기에서 사람을 살립니다

위기 협상 전문가의 일과 역할에 대하여

CRISIS
NEGOTIATIONS

이종화 지음

글의온도

들어가며

2006년 미국 FBI 아카데미의 3개월 연수 과정에서 위기 협상을 처음 접했다. '위기 협상'을 떠올렸을 때 '극단적인 충돌 상황에서 어떻게 협상이 가능한가'라는 의문이 가장 먼저 들었다. 그런데 나의 의문은 강의를 들으면서 점차 긍정적인 방향으로 바뀌었다. 위기의 순간에도 기술을 연마하면 협상이 가능할 수도 있겠구나, 하는 생각이 든 것이다. 그럼에도 여전히 의문은 남아 있었다.

이러한 궁금증을 안고 2009년 미국 NYPD의 '인질 협상 교육(Hostage Negotiation Training)'에 참가했다. 2주간 진행된 교육 과정에는 기존 강의와 달리 2주 차 오후 수업에 역할극(Role Playing)이 있었는데, 이것이 나를 내내 긴장시켰다. 연극배우가 출연해 실제와 비슷한 상황을 재연하고, 위기 협상팀은 배우의 감정을 실제처럼 느끼면서 협상을 해야 했다. 영어를 한다고는 하지만, 배우가 쏟아내는 거친 속어와 속사포 같은 말의 속도는 30명의 교육생 중 유일한 외국인인 나를 당황스럽게 했다. 다행히 교육 담당자가 나를 정보관 역할로 지명해서 위기자와 대화할 필요는 없었지만 위기 협상팀이 겪는 감정의 역동성은 언어의 장벽을 넘어 나에게 그대로 전달되었다. 겉은 극단적인 물리력의 충돌로 보이지만, 그 속에 내재된 감정에 초점을 맞춰 대화를 통해 폭력적인 상황을 안전하게 해결하는 접근 방법이 마치 기적처럼 느껴졌다.

이러한 기적이 우리나라에서도 일어날 수 있을까? 나는 기적을 만들고 싶은 마음에 2009년, 뜻이 맞는 동료 교수, 경찰관들과 함께 세미나를 열고, 몇 차례의 회의를 거쳐 그해 12월, 처음으로 경찰대학에 역할극을 포함한 위기 협상 전문화 과정을 개설했다.

위기 협상 교육은 신속히 사건을 해결하려는 기존 접근 방식에 익숙해 있던 경찰특공대, 형사들에게는 이질적이었고, 그들은 위기 협상의 효과와 당위성에 의문을 제기했다. 하지만 교육에 참여해 위기 협상의 효과를 체험하고는 인정하기 시작했다. 그러나 주변의 인정에도 불구하고 나의 고민은 이어졌다. 위기 협상의 효과가 단지 교육으로만 끝나서는 안 되며, 실제로 인질 현장, 자살 시도 현장에서 발휘되어야 했기 때문이다.

이후 2013년, 경찰대학에 위기 협상 연구센터를 설립해 위기 상황이 발생하면 자문할 수 있는 체계를 마련했다.

그리고 협상복, 위기 협상 차량 등 현장에 필요한 것들을 차근차근 준비했다. 이런 준비에도 일선에서는 위기 협상의 필요성을 느끼지 못했고, 나 역시 우리나라에서는 효용이 없다는 실망감이 들었다.

하지만 2014년부터 인질 사건, 자살 시도 사건의 발생률이 높아지면서 위기 협상 교육 과정을 이수한 경찰관들이 현장에서 자문을 요청했고, 나의 꿈이 이루어지기 시작했다. 생소한 분야였지만 매스컴의 관심을 받았고, 세월호 사건으로 초동 조치의 중요성이 강조되면서 전국의 지방 경찰청에 위기 협상팀이 설치되었고, 점차 체계화되었다.

우리나라의 위기 협상이 계속해서 발전하기를 바라면서도 관련 책이 없는 것이 늘 안타까웠다. 아마도 게으른 나의 탓이 크다. 이 책은 27년간의 경찰대학 교수 시절에 써놓은 논문과 강의 자료, 그리고 경찰관들이 보내준 자료를 취합해 만들었다. 비록 부족하더라도 우리나라의 위기 협상 발전에 조그만 보탬이 되었으면 한다. 특히 현장 근무자들에게 실질적인 도움을 주기 위해 다양한 국내외 사례와 협상에 필요한 요소들을 담았다. 우리가 잘 알고 있는 사건 사고에 대한 '전문가의 시선'은 누구나 살며 겪을 수 있는 위기 상황을 어떻게 바라보고 대처해야 하는지 알려주므로 일반인들이 보아도 도움이 될 것이다.

최일선의 현장에서 근무하는 모든 경찰관, 소방관, 군인, 그리고 사회 복지 관련 종사자분들이 이 책을 활용해 누군가의 생명을 구했다면 나의 소명은 다했다는 생각이 든다. 세상에 사람의 생명을 구하는 것보다 가치 있는 일은 없기 때문이다.

2021년 10월 광화문에서
이종화

차례

1장 | 위기 협상이란 무엇인가

2장 | 위기 협상 현장이 말하는 것들: 해외편

3장 ㅣ 위기 협상 현장이 말하는 것들: 국내편

4장 | 비극을 막는 위기 협상의 기술

5장 | 위기자의 마음을 움직이는 사람들

위기 협상이란 무엇인가

CRISIS NEGOTIATIONS

위기에 처한 사람들

위기란 사람이 살아가면서 어떤 문제를 맞닥뜨렸을 때 자신의 능력으로 감당할 수 없는 상태를 말하는데, 이때 통상적인 방법으로도 해결할 수 없는 상황을 가리켜 '위기'라 말한다. 보통 문제가 발생하면 우리는 기존 방식대로 문제를 해결하려고 한다. 하지만 아무리 노력해도 문제가 해결되지 않고 정신적인 고통이 가중되면 위기에 빠지게 된다. 누구든지 이러한 위기에 처할 수 있으며, 위기자[1]는 합리적인 결정을 하기 어렵다.

대표적인 위기자의 유형은 자살 시도자, 정신이상자, 가정 폭력에서 발전된 가족 인질범, 범행 도중 경찰의 출동에 의해 우발적으로 인질을 억류한 인질범이라고 할 수 있다. 이들의 공통점은 자신만의 방법으로 문제를 해결하려 한다는 것이다. 제3자의 관점에서 보면 문제 해

---

1 이 책에서는 위기에 처한 사람을 가리켜 '위기자'라고 표현하고자 한다. 따라서 위기 협상 상황에서 위기자는 협상 대상이 될 수 있다. 다만 인질 상황에서는 인질범과 인질 모두 위기자에 속해 이해의 혼동을 줄 수 있으므로 인질범과 인질로 구분했다.

결 방법이 지극히 비정상적이지만 말이다. 위기자가 문제를 일으키는 동기를 들여다보면 정신적 문제, 경제적 문제 등 다양한 요인에서 비롯된 불안과 위기 의식 등으로 나타난다. 이러한 위기자의 동기는 그의 감정을 확인하는 지표가 된다.

사실 위기자는 위기에 놓여 있지만, 시간을 조금만 준다면 이성을 회복하고 정상으로 복귀할 가능성이 높다. 그럼에도 불구하고 물리력을 사용해 제압하려 한다면 반사적으로 비이성적인 방법으로 저항할 가능성이 높다. 그러면 제압하는 과정에서 위기자 본인, 현장 근무자, 주변의 누군가가 다치거나 생명을 잃을 수도 있다.

그렇다면 모두가 안전하게 집으로 돌아갈 수 있는 방법은 없을까? 물론 합법적인 범위에서 물리력을 활용해 빠르게 제압할 수도 있겠지만, 아무도 다치지 않고 상황을 종료하는 방법은 대화로 시간을 끌면서 협상하는 것이다. 위기자의 마음을 읽어내고, 위기자와 신뢰 관계를 형성한다면 격해진 감정을 누그러뜨릴 수 있다.

위기자는 자신을 범죄자라고 생각하지 않는다. 그렇기에 경찰관의 정당한 명령에 복종할 의무감을 느끼지 않을 가능성이 크다. 따라서 경찰관이 위압적인 언행으로 위협하는 등 일반 범죄자를 체포하는 상황에서처럼 위기자를 취급하면, 그는 자신의 고민과 감정이 무시당하고 있다 생각하고 더욱 격렬하게 저항할 것이다. 예상하건대 현장의 경찰관, 협상관 등이 자신에게 허용된 장비나 무기를 사용해 위기자를 제압하려 한다면 위기자는 위기자 자신과 억류한 사람들의 생명을 위협하며 더욱 난폭하게 행동할 수 있다. 따라서 경찰관, 협상관 등은 국민의 생명을 보호하기 위해서 효과적인 다른 방법을 모색해야 한다. 다만 위기자는 정상적인 상태가 아니므로 경찰 포위망을 뚫고 도망갈 가능성이 낮다. 압박감을 주는 포위보다는 위기자의 감정에 초점을 두고 대화를 지속하며 인내와 이해심을 보여주는 게 효과적이다.

위기 상황의 유형

위기 상황은 크게 인질 상황과 비인질 상황으로 나뉜다. 인질 상황은 인질범이 강제로 타인을 억류하고 인질을 활용해 자신이 원하는 사항을 요구하는 상황을 말한다. 비인질 상황은 인질범이 타인의 의사에 반해 타인을 억류하는 것이 인질 상황과 동일하지만, 정신이상 등으로 실체적인 요구가 없는 상황을 말한다.

인질은 자신의 의지와 상관없이 일정 기간 동안 인질범의 목적 달성을 위해 억류된 자로, 인질범에게 인질은 요구에 대한 승낙을 받아내기 위한 계획된 행위로 도구적 성격을 가지며, 엄밀하게는 '범죄의 피해자'로 보아야 한다. 동시에 인질범의 권력을 과시하는 행위로 명시적 성격도 갖는다.

	인질 상황	비인질 상황
공통점	• 일정 기간 동안 목적 달성을 위한 보장으로써 인질을 억류하고 있다. • 삶과 죽음이 교차하는 '흥미 있는 드라마'로 대중의 관심이 집중된다. • 다른 범죄와 달리 실패의 경우 인간의 생명이 위험해질 수 있다.	
다른 점	• 인질은 '효용 가치'가 있다. 인질범은 인간이 아닌 가치로 판단한다. 협상 중에 '인질을 인간화'하는 노력이 필요하다.	• 타인의 의사에 반해 인질을 억류하고 있지만 정신이상 등으로 실체적인 요구가 없는 경우로, 억류된 사람은 인질이 아니라 단순한 범죄의 피해자다.

인질 상황과 비인질 상황의 공통점은 다음과 같다. 첫째, 삶과 죽음이 교차하는 '흥미 있은 드라마'로 대중의 관심이 집중된다. 인질과 인질범의 생명을 예측할 수 없어서 대중의 관심을 받게 되고, 모든 대중매체가 동원되어 현장 상황을 시시각각 대중에게 전달한다. 과도한 언론 보도와 관심은 인질 협상에 부정적 영향을 끼칠 수 있으며, 현장 출동자들에게 긴장과 부담감을 유발시킨다.

둘째, 다른 범죄와 달리 실패할 경우에 인간의 생명이 위험해질 수 있다. 경찰 대부분의 업무는 피해가 발생한 사후 대응에 집중된다. 살인 범죄의 경우 아무리 빨리 범인을 체포해도 피해자는 이미 회복될 수 없는 상태이다. 하지만 인질 상황은 피해자가 생존해 있으므로 경찰 대응에 따라 인질의 피해 정도가 결정된다. 제대로 훈련된 경찰관이 적절하게 대응하면 피해자와 경찰관, 그리고 인질범까지 안전하게 복귀할 수 있지만, 그렇지 못하면 인명 피해를 입을 수 있다. 따라서 인질 상황에 대처하려면 고도의 전문성과 훈련이 필요하다.

다른 점은, 인질 상황에서 인질범은 인질을 인간이 아닌 '효용 가치'로 판단한다는 것이다. 즉, 인질을 자신의 요구 달성을 위한 중요한 수단으로 여긴다. 따라서 협상 중에 협상관은 인질범이 인질을 단순한 수단이 아닌 인간으로서 인식할 수 있도록 노력해야 한다. 그래서 결정적으로 위험한 순간에 인질범이 인질에게 가할 위험 행동을 주저하게 만들어야 한다. 하지만 사전에 인간관계가 형성된 비인질 상황에서는 이러한 노력이 효과를 얻기란 쉽지 않다.

	인질 상황	비인질 상황
주체	• 목표 지향적이고 계획적인 행동 • 실질적인 요구(돈, 탈출, 교환)를 위해 인질 억류	• 감정 고조, 무감각, 자기 파괴적 행동 • 해를 입힐 목적으로 인질 억류 • 비현실적이고 실현 불가능한 요구
경찰의 대책	• 확실한 포위망 구축 • 시간 지연 • 인질범에게 모든 것은 대가 있음을 상기 • 범인의 기대를 낮춤 • 저항과 투항 시의 이익을 비교 제시 • 체면을 유지할 수 있는 안전한 투항법 제시	• 느슨한 포위망 구축 • 인내와 이해심을 표현 • 대가 없이 작은 편의 제공 • 적극적 청취, 분노의 순화, 협력적 관계 형성 • 비폭력적 해결 방법 제시
공통점	• 적극적 청취를 통한 협력적 관계 형성 • 인내와 자제가 중요 • 필요하고, 위험/효과가 높을 때만 물리력 사용 • 모든 행동은 통합적인 조정이 필요	

위기 상황에서 어떻게 대처해야 할까?

경찰지구대는 최일선의 현장에서 심리적으로 위기에 빠져 있는 위기자를 대면하는 경우가 많다. 위기자를 마주한 경찰관들은 일반 범죄자를 체포하는 경우와 다른 상황에 대부분 당황한다. 그래서 일반 범죄자를 대하듯 대응해 상황을 더욱 악화시키는 경우가 생긴다. 특히 최초의 경험에서 우연히 자신만의 방법으로 위기 상황이 해결되면, 더욱 확고하게 과거와 같은 방법으로 범인을 대하며 기선을 제압하려는 행태를 보인다. 자살 시도자에게 "뛰어내려!", "죽지도 못할 사람이!"라며 부적절한 말로 설득하려고 한다. 이는 경찰관이 위기 상황에 처한 위기자를 다른 범죄자와 동일하게 취급해서 발생하는 부적절한 대응이다.

위기자 대처법을 교육받지 못한 경찰관들은 과거 선배들의 경험이나 자신의 상식에 기반해 위기자를 대면한다. 그러나 위기 상황이 두렵고, 실패했을 경우에는 심한 스트레스를 겪게 된다. 이는 위기자에 대한 이해와 교육이 부족해 적절한 대처 방법을 모르기 때문이다. 특히 사람의 생명을 구하는 경찰관, 군사 경찰관, 소방관, 교정 공무원에게 위기 상황에 처한 사람의 감정을 이해하고, 위기 상황을 대처하는 교육은 반드시 필요하다. 이외에도 민원인을 상대하는 공무원, 사회 복지 관련 종사자 등이 교육을 통해 자신을 보호하고 위기자를 구조할 수 있다.

그렇다면 위기자는 일반 범죄자와 어떤 차이가 있을까? 대부분의 위기자는 감정적으로 평안하지 않다. 가정 폭력범, 정신이상자, 주취자, 범죄의 피해자, 자살 시도자, 진행 중인 인질 강도범 등 정신적으로 극단적인 상태에 있는 사람이다. 그런데 정신적으로 불안정한 상태는 반드시 정신 질환자에게만 국한된 것이 아니다. 누구나 자신이 극복할 수 없다고 느끼는 문제로 인해 심하게 정신적 또는 육체적 고통을 느끼게 된다면, 정신적으로 비정상적인 상태에 놓일 수 있다. 위기에 처한 개인이 자신이 겪고 있는 문제가 관습적인 방법으로는 극복이 불가능하다고 느끼면, 긴장이 고조되고, 심한 감정 기복이 발생해 정상적인 사고를 할 수 없게 된다.

과거의 전형적인 위기자 유형의 2가지 사례로, 첫 번째는 경찰에게 포위된 인질 강도범이 최초에 금전만 탈취해 도주하려던 계획이 경찰의 출동으로 저지되면, 체포되어 처벌을 받을 상황에 놓이게 되고, 이러한 상황을 극복할 수 없다고 느끼기 시작하면 극도로 흥분해 정상적인 사고를 할 수 없게 되어 위기자가 된다. 두 번째는 여러 가지 문제를 해결하려고 노력했지만 해결되지 않고, 정신적 고통만 가중되면서 정상적인 판단을 할 수 없는 상태에 이르러 고통에서 벗어나는 방법으로 자살을 시도하는 위기자이다.

2020년 통계로 살펴보면, 우리나라에서 하루 평균 약 36.2명이 자살한다고 가정할 때 보통 자살 시도자를 40~100

배로 추정하면 그 수는 1백만 명 이상으로 추측할 수 있다.[2] 외부에서 자살을 시도해 경찰이 출동하는 건수도 상당할 것으로 추측된다.[3] 위기 상황의 대상은 자살 시도뿐 아니라 정상적으로 합리적인 의사 결정을 하지 못하는 상황에서 자신이나 타인의 생명을 위협하고 있는 모든 상황을 포함한다.

위기에 처한 개인, 즉 위기자에 대한 대처는 상대방이 합리적인 사고를 하는 비즈니스 협상과 달리 대화의 대상이 두려움, 공황, 공포, 실망, 화 등과 같이 극단적인 감정 상태로 인해 정상적인 사고를 하지 못한다는 차이점이 있다. 따라서 위기 협상에서의 협상 개념은 '의사소통을 통해 개인의 의견, 감정, 사고에 변화를 주는 수단'이라고 할 수 있다.

협상이라는 용어를 사용하지만 '협상'과 '위기 협상'은 협상의 기본 전제가 다르다. 상대방이 합리적인 의사 결정을 할 수 없는 상태이기 때문에 논리에 근거한 설득과 권유는 통하지 않는다. 보통 위기자와 대면하는 현장 근무자가 위기자의 감정보다는 문제 해결에 초점을 두고 대화하면서 위기자의 감정을 자극해 상황을 악화시키거나 해결이 늦어지게 된다.

---

2 2020년 자살 사망자 수는 13,195명으로 2019년 대비 604명, 인구 10만 명당 자살자 수는 전년 26.9명에서 25.7명으로 감소하였다.

3 정확한 통계가 없다.

인질 협상에서
위기 협상으로의 발전

인질 협상의 창안

정상적인 사고를 하지 못하는 개인을 단순히 범법자로 치부하고 물리력을 행사해 상황을 신속히 처리하는 전통적인 경찰 활동은 1972년 뉴욕 경찰국(NYPD, New York Police Department)이 인질 상황을 협상으로 해결하려고 시도하며 커다란 전환기를 맞는다. NYPD는 인질 상황에서 발생하는 인명 살상의 80%가 경찰 구출 작전 중에 발생한다는 분석을 근거로 인질범의 성향과 동기에 기초한 협상에 의한 해결책을 제시했는데, 이때부터 인질 협상(Hostage Negotiation)이라는 개념이 발전하기 시작했다.

인질 협상을 창안한 NYPD의 경찰관 하비 슐러스버그(Harvey Schlossberg)와 프랭크 볼츠(Frank Boltz)는 3가지를 강조했다.[4]

첫째, 인질 상황에서 인질범의 포위와 협상의 중요성이다. 인질 상황에서 경찰은 구출 공격, 저격, 가스 살포, 포위와 협상 등의 방법으로 상황을 해결할 수 있다. 포위와 협상을 제외하고는 모두 사람의 생명에 치명적인 위험을 줄 수 있는 물리력을 사용하는 방법으로 인질, 인질범, 경찰 중에서 사상자가 발생할 수 있다. 하지만 포위와 협상은 인명 살상의 피해 가능성이 0에 가깝다.

둘째, 인질 상황에서 인질범의 동기와 성격에 대한 이해의 중요성이다. 이는 상황의 문제 해결에 중요한 역할을 한다. 가령 환각 증세를 보이는 인질범의 경우 그의 증상을 이해하면 협상관의 두려움도 줄어든다. 인질범의 감정이나 사고방식에 대해 보다 많이 이해하면, 인질범과 의 사소통 시 큰 도움이 된다. 단순히 인질범의 요구를 해결하려는 문제 해결의 접근이 아닌, 요구에 잠재된 감정과 동기에 초점을 맞추어 대화한다면 상황을 평화롭게 해결할 수 있을 것이다.

셋째, 인질 상황에서 시간 경과의 중요성이다. 위기자의 긴장 상태로 인한 극단적인 감정의 고조나 저하는 시간이 지남에 따라서 자연스럽게 순화된다. 그러면 위기자는 현실을 인식하게 되고 합리적인 방향으로 현재의 위기 상황을 해결하고자 한다.

또한 위기 상황에서 시간의 경과는 위기자의 생존 본능을 자극해 협상 가능성을 높인다. 무엇보다 대화 과정에서

---

4 Michael McMains, Wayman Mullins, 《Crisis Negotiations: Managing Critical Incidents and Hostage Situations in Law Enforcement and Corrections》, LexisNexis, 2010, p.3.

협상관과 신뢰가 쌓이면서 협상관이 많은 정보를 알아낼 수 있다.

FBI의 실패와 위기 협상의 법제화

미국 FBI는 1971년 발생한 잭슨빌 항공기 인질 사건에서 협상이 아닌 무력으로 사건을 해결하기 위해 작전을 감행해 인질범과 인질 모두가 사망하는 비극적인 결과를 초래했다. 당시 인질이었던 조종사 가족들이 FBI를 상대로 소송을 진행했고, 법원은 긴급하고 위험한 업무를 수행해야 하는 경찰은 이러한 상황에 적합한 교육과 훈련을 해야 하며, 인질의 생명을 보호하기 위해 무력에 의한 구출 작전보다 안전하고 검증된 대안이 있다면 이를 반드시 선택해야 하는 의무가 있다고 판결[5]했다. 이후 FBI는 NYPD에 의해 발달된 협상 기법을 도입하고, 버지니아주 콴티코(Quantico)에 위치한 FBI 아카데미 행동과학연구소에 인질 사건 데이터베이스 시스템(HOBAS, Hostage Barricade Database System)을 설치하고 위기 협상에 대한 과학적인 자료 축척과 연구를 통해 현재의 협상 이론과 교육에 결정적인 기여를 하게 되었다.

다운스 판례(Downs V. United States) 이후로 미국에서는 경

---

5 일명 다운스 판례라고 하며, 2장 〈위기 협상의 법률 수립 : 다운스 판례〉에서 자세히 다루고 있다.

찰과 대치하는 상황에서 무조건적인 구출 작전 시도가 사라졌으며, 협상을 통한 해결이 법제화되었다. 현재 미국에서는 40시간 이상의 교육과 매년 보수 교육을 받은 자격을 갖춘 협상관들이 현장에 출동해 협상을 하고 있다.[6] 1980년대에 들어서면서 고전적 의미의 항공기 납치, 인질 테러가 감소하고, 일선 경찰관이 위기자와 대치하는 상황은 가정 폭력, 자살 시도자, 주취자, 정신이상자 등 위기자에 의한 인질 난동으로 대상이 변화했다. 이러한 협상 수요의 변화로 인해 인질 협상은 감정이나 심리적으로 불안한 개인과의 대치 상황에 활용될 수 있는 위기 협상으로 명칭이 변경되었다. 협상 기법의 발상지인 NYPD를 제외하고는 대부분의 경찰 기관에서 위기 협상(Crisis Negotiation)으로 부른다.[7]

미국, 유럽, 그리고 아시아의 홍콩, 싱가폴, 일본 경찰은 인질 상황에서 협상의 중요성을 인식하고, 물리력보다는 협상에 의한 해결을 우선 시도하고 있다.[8]

6　CAHN(California Association of Hostage Negotiation) 연례 회의에는 캘리포니아에서 활동하는 경찰 위기 협상관 500여 명이 참가해 토론과 발표를 하는 등 활발한 활동을 하고 있다.

7　인질 협상의 창시자인 하비 슐러스버그와 프랭크 볼츠의 의견을 중시해 현재도 NYPD는 '인질 협상(Hostage Negotiation)'으로 호칭한다.

8　각국의 경찰특공대 방문과 협상관들과의 인터뷰에 기초했다. 특히 홍콩은 일찍부터 위기 협상을 받아들여 '담판'이라고 명칭하고 시위대와의 협상에까지 영역을 확대해 적용하고 있다.

인질의 심리

위기 협상의 핵심은 살아 있는 사람과 교류해야 한다는 점이다. 즉, 인질, 위기자(또는 인질범), 현장 근무자 등 모두 살아 있는 사람 간의 의사소통을 통해 갈등 상황을 안전하게 해결해야 한다. 그래서 핵심은 사람이다. 위기 협상의 가장 큰 목적은 살아 있는 사람을 보호하는 데 있고, 결코 현장 근무자의 판단으로 사태를 신속히 해결하려 한다거나 재산의 보호를 목적으로 하지 않는다.

살인죄나 상해죄는 경찰이 범인을 체포하더라도 피해자의 피해를 막을 수 없다. 하지만 위기 협상은 피해자가 생존해 있고, 현장 근무자의 대응에 따라 피해 정도가 결정된다. 따라서 위기 협상은 인질의 생명을 위해 가장 최선의 방법이 무엇인가 고민해야 하고, 가장 적절한 방법을 선택해야 한다.

인질의 사전적 의미는 '약속을 지키는 것에 대한 담보가 되어 상대편에게 억류가 된 사람' 또는 '약속 이행의 담보로 잡아두는 사람'이다. 여기서 초점은 자신의 의지에 반해서 현재의 장소에 억류되어 있다는 점이다. 타인에 의해서 억류되었기 때문에 인질은 신체적으로나 심리적으로 충격을 받게 되고, 무기력해져 인질범에게 의존하는 현상을 보인다. 이러한 인질의 심리는 위기 협상관이 협상을 하면서 항상 유념해야 할 사항이다.

스톡홀름 신드롬과 런던 신드롬

노르말름 신용은행 강도 사건[9]에서 유래한 스톡홀름 신드롬은 인질이 인질범에게 동화되어 감정적 유대감을 형성하는 것인데, 인질과 인질범 사이의 긍정적인 유대 관계는 결정적인 순간에 인질의 생존률을 높이는 수단이 된다. 따라서 위기 협상관은 스톡홀름 신드롬이 형성되도록 노력해야 하는데, 이것은 쉽게 형성되지 않는다. 스톡홀름 신드롬이 형성되려면, 첫째, 인질과 인질범이 한 공간에서 접촉할 기회가 있어야 한다. 둘째, 상당한 시간이 필요하다. 긍정적인 감정은 단시간에 쉽게 형성되지 않으므로 비교적 장시간의 억류 상태여야 한다. 셋째, 인질에 대한 위협이나 폭력이 없어야 한다.

이러한 조건을 갖춘 인질 상황에서는 스톡홀름 신드롬을 기대하여 인질의 생존 가능성을 높일 수 있다. 하지만 9·11 테러 사건 이후에는 아주 극단적인 상황이 아니면 스톡홀름 신드롬을 기대하기 어렵다는 전문가의 의견도 상당하다. 어차피 인질들은 자신의 죽음을 당연한 결과로 받아들이며, 다수의 무고한 사람들의 피해를 최소화하기 위해서 저항할 수 있다는 것이다. 하지만 위기 협상관은 이러한 조건에 상관하지 말고, 인질의 생존을 위하여 최대

---

9 자세한 내용은 2장 〈스톡홀름 신드롬의 유래: 노르말름 신용은행 강도 사건〉을 참고하길 바란다.

한 스톡홀름 신드롬이 발현될 수 있도록 노력해야 한다.

통상적으로 인질은 자신의 생존을 위해 인질범과 원만한 유대 관계를 형성하려고 하지만, 반대로 인질범의 통제에 따르지 않고 협조를 거부하는 행동을 하기도 한다. 이처럼 인질이 된 상황에 적응하지 못하는 현상을 런던 신드롬이라고 한다.

런던 신드롬은 1980년 봄, 런던의 이란 대사관에 테러범들이 난입해 26명의 인질을 억류한 사건에서 유래되었다. 대사관 직원 아바스 라바사니(Abbas Lavasani)는 동료들의 만류에도 불구하고 자신의 종교에 대한 헌신을 포기하지 않고, 이란 혁명의 정당성에 대해 인질범과 격하게 논쟁을 벌였다. 더 나아가 순교를 감수하고 정치 문제까지 논쟁을 벌이자 인질범들은 통제에 어려움을 느껴 결국 그를 살해했다.

인질을 위한 생존 전략

자신의 의지와 상관없이 타인에 의해 억류된 인질은 통상적으로 억류된 현실을 부정한다. 부정을 통해 외부의 위험에 반응하는 것이다. 공포 또한 초기의 인질들에게서 많이 관찰된다. 그러나 점차 생존 본능에 의해 억류된 현실을 받아들이고 순응하게 된다. 자신의 생존을 위해서 억류된 현실을 인정하고, 인질범의 통제에 순응하고, 한편으로는 자신만의 방법으로 억류된 현실을 극복하거나 잊으려는 방법을 찾는다. 기도를 하거나, 바쁘게 다른 일을 찾아서 하거나, 다시 자유로운 현실 세계에 대한 꿈을 꾸는 방법으로 억류 기간 동안 생존 기법을 터득하는 것이다. 이러한 심리 변화는 인질의 생존 전략에 결정적인 역할을 한다. 인질의 생존 전략은 다음과 같다.[10]

- 자신과 정부에 대한 신념을 잃지 않는다.
  자신과 구조를 위한 정부의 다양한 노력에 신념이 생기면 이는 긍정적인 효과를 일으켜 힘든 억류 기간을 극복하게 한다.
- 인질범을 향한 적개심을 통제한다.
  인질범에 대한 적개심을 외부로 드러낸다면 자신과 다른 인질들에게 피해를 주지만, 절제된 적개심은 힘든 억류 생활을 유지하는 에너지로 활용할 수 있다.
- 우월감을 유지한다.
  우월감은 인질범의 폭력으로부터 자신을 지킬 수 있게 하고, 정부, 가족, 회사와의 협상에서 중요한 존재로 여겨지게 해 인질범도 함부로 대할 수 없게 만든다. 우월감을 밖으로 드러내는 표현을 할 필요는 없지만, 마음속으로는 우월감을 유지해야 한다.
- 빈집을 채우는 환상을 한다.

---

10 Thomas Strentz, 《Psychological Aspects of Crisis Negotiation》 2nd Ed, CRE Press, 2012, p.297.

억류 기간 동안 집을 짓거나 여행하는 등의 상상은 지루한 억류 생활을 지탱해주는 역할을 한다.

- 억류를 합리화한다.

어떠한 상황에서 억류되었든 자신의 인질 상황에 대하여 탓하지 않는다. 인질 상황을 초래한 것은 인질범이지 인질의 탓이 아니다.

- 규칙적인 패턴을 유지한다.

규칙적인 생활 패턴은 억류 생활의 스트레스를 상당히 감소시킨다. 인질범도 규칙적으로 움직이는 인질에 대하여는 덜 주의하게 되고, 협상에 더욱 신경 쓰게 된다.

- 외모를 관리한다.

인질의 성숙하고, 안정적이고, 균형적인 외모와 태도는 인질범에게도 영향을 미쳐 함부로 대하지 못하게 한다. 이를 위해서 적절한 외모와 태도를 유지하는 것이 필요하다. 지나치게 우울한 태도는 인질범에게 자살에 대한 걱정을 끼쳐 감시 수준을 높이게 하며, 협상에 소홀하게 만든다. 그러면 인질은 더욱 구속감을 느끼게 된다.

- 유연한 사고와 유머 감각을 잃지 않는다.

유연한 사고와 유머는 괴로운 억류 생활을 잊게 하고, 스트레스를 감소시킨다.

- 동료와 잘 어울린다.

인질범의 지시 사항을 되도록 천천히 수행하면서, 동료들과 협력한다. 간혹 리더로 선발된 인질이 인질범에게 자발적으로 협조하거나 지나치게 협조적이라면 동료와의 관계가 악화되어 부정적인 영향을 끼친다.

인질범의 심리

인질범은 인질의 생명을 담보로 경찰에게 돈, 탈출, 인질 교환 등 실질적인 요구를 한다.

인질 상황 초기에 인질범은 인질의 생명을 위협하면서 힘을 과시하고, 자신이 모든 상황을 통제할 수 있다고 생각한다. 그래서 자신의 실체적인 요구를 관철시키기 위해 목표 지향적이고 지능적인 행동을 보인다. 인질의 도구적 성격을 인식하고 경찰을 조종해 자신의 목표를 달성하려고 하는 것이다. 하지만 시간이 지나면서 점차 자신이 현장에서 벗어날 수 없음을 깨닫게 된다. 이러한 현실 인식은 인질범에게 경찰특공대에 의해 체포를 당할 것인지 아니면 순순히 투항할 것인지를 선택하게 한다.

또한 인질범은 인질의 생명 유지가 자신의 안전과 요구 실현의 중요한 지렛대임을 절감하고 인질에 대한 폭력을 멈춘다. 즉, 상황 초기에는 감정이 불안정한 인질범이 인질에게 위해를 가할 수도 있지만, 통상적으로 시간이 지나면 인질의 '효용 가치'를 명확하게 인식하고 폭력을 자제한다.

인질 상황에서 인질에 대한 폭력으로 사상자가 발생했다면, 인질 상황 초기에 흥분된 상태에서 우발적으로 생긴 것이 일반적이다. 이때 경찰은 사상자가 발생했다고 해서 바로 작전을 개시하기보다는 어떤 상황에서 피해가 발생했는지를 파악하고 작전 여부를 결정해야 한다. 사상자가 발생했다고 무조건 작전을 감행한다면, 생존해 있는 인질의 생명이 위험해질 수 있다. 앞서 언급했듯 인질 사상의 80%가 경찰의 구출 작전 중에 발생한다. 이는 경찰이 협상을 통하지 않고 단순히 물리력으로 인질 상황을 해결하려고 한 결과이다. 따라서 '시민의 생명 보호'가 경찰의 원래 목적임을 명심해야 한다.

인질범에 따른 특성

	범죄자	위기자 (감정, 정신 불안자)	테러리스트
감정/생각	합리적	비합리적	비합리적 (자신들의 관점에서는 합리적인 생각)
범죄 인식	범죄 행위에 대한 인식(강도, 살인 등)	자신의 결정에 책임감을 느끼지 못하여 죄의식 결여	임무 수행
협상 반응	항상 논리적으로 대응한다.	항상 논리적이지 않다.	항상 논리적이지 않다.
협상 소요 시간과 종료	보통 오래 끌지 않는다.	장시간이 소요된다.	원하는 결과를 생각하고
특징	합리적인 사고로 시간이 지나면 투항한다.	누군가를 찾기를 원하고, 현장에 데려오라고 요구한다.	요구에 대한 대안의 선택 폭이 아주 적다.
난이도	비교적 협상 용이	협상이 매우 어려움	협상이 매우 위험

인질범과 협상관

협상관은 인질범의 심리를 이용해 시간을 끌고, 요구에 대한 기대를 낮추고, 협상을 통제하는 역할을 한다. 시간이 지남에 따라 인질범은 감정을 분출하면서 현실을 제대로 인식하게 된다. 그때 협상관은 시간을 끌면서 인질범의 요구에 대한 기대치를 점점 낮출 수 있다. 만약 인질범이 100억 원과 스포츠카를 요구한다면 협상관은 "돈과 차량이 필요한가요?"라며 기대치를 낮추는 표현으로 협상을 시작하는 것이다.

또 전체적인 요구 사항을 협상하기보다는 요구를 하나하나씩 나누어 협상해야 한다. 그러면 협상관이 통제할 수 있는 변수가 점점 많아지고, 경찰에 유리하게 협상을 진행할 수 있다.

협상관이 협상을 주도하려면 상호 교환(Give & Take) 원리에 근거해야 한다. 인질범이 목표 지향적이고 전략적인 요구를 하면, 경찰은 단순히 그것을 수용하기보다는 반드시 대가를 요구하는 것이다. 그래야 인질범은 점차 자신의 요구가 공짜로 수용되지는 않는다는 현실을 인식하고, 협상관이 협상을 주도할 수 있다. 이때 협상관이 인질범에게 요구하는 대가는 반드시 인질범의 요구와 동급이 아니어도 괜찮다. 작은 편의 제공이나 인질범의 감정 안정 등 다양한 사양을 요구할 수 있다.

또한 협상 과정에서 경찰특공대는 무력 과시를 통해 인질범에게 무언의 압력을 가할 수 있다. 물론 과도한 위력 과시는 불필요하다. 인질 상황의 경우 사건의 경중을 떠나서 반드시 경찰특공대의 출동이 필요하다. 협상관이 인질범에게 경찰특공대의 출동 사실을 구두로 고지할 필요는 없지만, 인질범이 인식은 할 수 있어야 한다. 그래서 협상이 결렬되면 언제든지 무력으로 체포당할 수 있음을 인질범에게 상기시켜 협상에 집중하도록 해야 한다.

시간이 지남에 따라서 인질범은 자신의 요구가 받아들여지지 않음을 알고, 경찰의 무력 진압으로 붙잡힐 것인지 아니면 항복할 것인지를 고민하게 된다. 보통 인질범은 지금의 장소를 벗어날 수 없는 현실을 직시하고 자신의 안전을 위해 투항한다. 저항과 투항 시의 이익을 합리적으로 판단해 투항하는 것이다.

이때 인질범은 목표를 먼저 생각하고 그에 맞는 합리적인 판단을 하기 때문에 항상 현장을 탈출할 기회를 노린다. 인질범이 현장을 벗어나는 사태를 방지하기 위해 확실한 포위망이 구축되어야 하고, 인질범이 체면을 유지할 수 있는 안전한 투항법 제기가 필요하다. 그러면 인질범도 상황을 인지하고 쉽게 투항한다.

협상이 가능한 조건과 위험성 평가

대표적인 위기 상황으로 자살 시도자, 가정 폭력에 의한 비인질 상황, 정신이상자에 의한 대치 상황이 있다. 위기 협상은 사람의 생명을 구하기 위해서 유효하고 안전한 방법이지만 모든 상황에 적용될 수 없다. 때로는 바로 구출작전을 통해 인명 살상을 최소화해야 하는 경우도 있기 때문이다.

협상이 가능한 조건은 다음과 같다. 인질범의 생존, 경찰의 현장 출동 및 물리력 사용 가능성, 인질범의 요구, 협상할 수 있는 시간, 인질범과 협상관 간의 확실한 통신수단, 협상을 할 수 있는 장소와 통신의 통제가 가능하다면 협상이 가능하다.

또 위기 협상 현장에 출동했을 때는 다음과 같은 인질범의 행동 지표 확인을 통해 위험성을 평가할 수 있다.

- 계속 점증하는 위협
- 자신의 개인 정보 은폐
- 인질범의 감정 분출 실패
- 주변적인 주제나 요구 사항을 제외한 대화 거부
- 빠른 대화 속도
- 짧거나 일방적인 대화
- 협상관과의 대화에 대한 의지 부족
- 계속되는 폭력
- 인질에 대한 부정적인 발언
- 인질 석방 없음
- 인질에 대한 살상
- 협상관과 인질범의 라포르(Rapport) 부재

- 협상관의 제안에 대한 저항
- 항복 제안에 대한 논의나 제안 거절

위기 협상과
구출 작전

위기 협상의 특징

위기 협상은 위기자가 정상적으로 사고하고 합리적으로
결정할 수 있을 때까지 대화와 협상을 유도해 안전하게
갈등 상황을 해결하려는 접근 방법으로, 다음과 같은 특
징이 있다.

- 위기 상황 중에 경찰과 위기자 모두 물리력을 사용할
  수 있다.
- 사람의 목숨이 위협받고 있고, 실패하면 인명의 살상을
  초래할 수 있다.
- 위기자의 요구는 보통 다른 대안 없이 하나만 위기 협
  상팀에 제시된다.
- 인질 상황은 분노와 공포가 혼재된 상태에서 진행되며,
  고조된 감정으로 인해 위기자나 협상관 모두 많은 정신
  적 압박이 축적된다.

- 강제력, 물리력 또는 위협이 협상에 활용되면 체면 문제가 주 관심사가 된다. 특히 위기자의 입장에서는 투항 단계에서 체면을 유지하는 방법을 중시하게 된다.
- 위기 상황의 초기 단계에서는 경찰이나 위기자 모두 상대의 능력, 목적, 방법, 동기에 대한 정보가 부족하다. 서로 탐색하는 시간이 필요하고, 점차 위기 상황이 진행되면서 서로에 대한 정보가 수집된다.
- 위기 협상은 고도의 위험이 포함된 상황에서 협상이 진행되므로 구체적인 실행 계획의 집행이 어렵다. 모든 계획은 상대방의 동의, 협조에 의해 집행될 수 있다.

위기자는 대부분 짧은 시간 위기 상태에 놓여 있는 경우가 많으므로 위기 순간을 안전하게 지나가게 해준다면 아무도 다치지 않고 상황을 해결할 수 있다. 만약 물리력을 행사해 위기에 빠진 사람을 제압하려 한다면, 정상적인 판단이 어려운 위기자는 강하게 저항할 것이다. 이때 필요한 사람이 위기 협상 전문가이다.

위기 협상 전문가는 위기자와 대화하고 협상을 유도하는 사람으로, 경찰의 임무가 시민의 생명 보호라면 위기 협상 전문가는 위기자의 생명을 보호할 수 있는 가장 효과적인 방법이 무엇인가를 고민해야 한다. 단순히 무기나 도구를 활용해 제압하려 하면 위기자뿐만 아니라 협상관 자신도 살상의 피해를 볼 수 있으며, 만약 인질이 있다면 피해는 더욱 커질 수밖에 없다.

물론 위기 협상이 인질 강도, 자살 시도자, 정신이상자, 가정 폭력범만을 대상으로 활용되는 기법은 아니다. 이를테면 경찰관은 업무상 상대하는 사람의 대부분이 감정의 불안정으로 인해 합리적인 결정을 하지 못하는 경우가 많다. 가족끼리라도 일시적으로 갈등이 발생해 높은 언성이 오가면 감정적으로 불안한 상태가 되고, 합리적인 의사 결정을 하기 어렵다.

그렇기에 감정이 불안한 사람에게 접근할 때는 경찰관의 사고와 가치보다는 상대가 위기에서 빠져나올 수 있도록 대화를 통해 신뢰 관계를 형성하고, 도움을 줄 수 있도록 역할 변경을 할 수 있어야 한다. 이때 감정적으로 불안정한 위기자와의 의사소통은 상대의 감정을 이해하는 것이 우선된다.

위기 협상의 목표는 위기자에 대한 단기적인 지원이다. 위기 협상을 할 때는 첫째, 위기자에 대한 안전과 보호를 고려해야 한다. 육체적인 안전에 대해 질문함으로써 협상관에게 상황이 통제되고 있음을 인식시킨다. 이때 안정적인 감정을 위해서는 일정한 시간이 필요하다. 둘째, 위기자의 감정이 고조되어 있다면 표출하게 하고, 그러한 감정을 위기 협상관이 인식하고 있음을 알게 한다. 즉, 위기자의 감정과 이야기를 수용하고 격려해 고조된 감정을 노출시킴과 동시에 순화시키는 것이다. 셋째, 위기자의 기대와 계획을 지원한다. 위기자가 감정적으로, 정신적으로 느끼고 있는 상황을 해결하기 위한 보다 현실적인 접근 방법이 있음을 일깨워준다. 현재 위기자가 벌이고 있는 위기 상황으로는 자신이 원하는 상황으로 발전시킬 수 없음을 알게 하는 것이다.

협상과 구출 작전을 위한 의사 결정의 기준

인질 사건에서 언제 구출 작전을 실행해야 하는 문제는 인질의 생명, 그리고 경찰관들의 안전을 위해 중대한 결정이다. 단순한 시간의 지연은 구출 작전 실행의 이유가 될 수 없다. 시간이 지연되고 있다면 위기 협상팀이 협상을 잘하고 있다는 증거이다. 즉, 인질의 사상 없이 시간이 경과하고 있으며, 위기자가 협상에 집중하고 있다는 표시이다.

하지만 현장에서는 일부 지휘관이 시간이 지체되고 상황이 진전되지 않는다는 이유로 작전을 감행하는 무모함을 보일 때가 있다. 이는 무고한 인질의 생명을 위협하는 무지한 행동이다. 위기 협상의 특성을 알고 있다면 할 수 없는 행위인 것이다. 현재도 위기 협상 현장에서 소수의 지휘관이 시간이 지체된다는 이유로 쉽게 구출 작전을 결정하곤 한다. 경찰 임무의 목적이 국민의 생명과 신체의 보호라면 이에 부합하는 결정을 해야 한다.

과거에는 협상이 단순히 구출 작전을 위한 '시간 벌기'의 사전 요식 행위로 인식되었다. 위기 협상에 대한 인식이 없었으며, 체계화된 훈련, 조직화된 팀이 없었다. 그래서 경찰특공대가 구출 작전을 펼치기 전에 준비할 시간을 끄는 행위로 인식되었기에 위기 협상의 위상이 높지 않았다. 그렇다면 언제 구출 작전을 감행해야 할까? 우선 시간 지연은 작전의 이유가 될 수 없음을 다시 한번 명확히 하고 싶다. 현대 위기 협상의 대응에서는 협상과 작전은 동시에 선택할 수 있는 평행 병렬 접근 방법이다. 궁극적으로 작전을 위한 시간 벌기용 협상은 선형 접근 방법으로, 구출 작전이 준비되면 더 이상 협상할 필요가 없어진다. 현장 지휘관은 협상과 작전의 2가지 선택을 언제든지 할 수 있어야 하고, 어떤 것이 우선이라기보다는 협상을 진행하면서 필요한 시기에 작전을 택할 수 있어야 한다. 협상 과정에서 지휘관, 위기 협상팀, 그리고 경찰특공대는 위기자와 인질의 동향을 세세히 관찰하고 정보를 공유해야 한다.

구출 작전을 결정할 때 유의해야 할 점은 다음과 같다. 첫째, 위기자가 자신이나 다른 사람의 생명을 위협하는 행동을 보이는가이다. 원인을 불문하고 위기자가 생명에 위협이 될 만한 행동이나 감정을 보인다면 작전을 실행해야 한다. 둘째, 위기자가 협상에 참여할 수 있는 상태인가를 고려해야 한다. 술이나 약물에 의해 협상이 불가능하거나 감정의 극단적 상태, 또는 정신적 불안으로 장시간 대화가 어렵다면 작전을 실행해 보다 안전하게 상황을 종료해야 한다.

또한 협상 도중 구출 작전을 실행해야 한다면 가장 우선순위에 두어야 할 사람은 위협을 받는 인질과 시민이며, 둘째는 경찰관 및 현장 근무자, 위기자 순이다.

| 2장 | **위기 협상 현장이 말하는 것들
: 해외편** |

CRISIS NEGOTIATIONS

인질 구출 프로그램의 탄생:
뮌헨올림픽 인질 테러 사건

사건 요약

1972년 9월 5일. 13명의 팔레스타인 테러리스트들이 이스라엘 올림픽 선수들의 숙소를 습격해 1명의 코치와 1명의 선수를 살해하고 9명을 인질로 데려갔다. 테러리스트들은 이스라엘에 수감된 234명의 팔레스타인 죄수들의 석방과 이집트로의 자유로운 이동을 요구했다. 이때 이스라엘 외교관들이 테러리스트들과 접촉해 협상이 이루어지는 듯했다. 그러나 공항으로 이동하는 중 테러리스트 4명이 인질 몇 명만 비행기에 타게 하고 나머지는 헬기에 남게 했다.

밤 11시, 경찰이 테러리스트들에게 무기를 버리고 항복할 것을 요구하자 테러리스트 1명이 수류탄을 헬기 안으로 던졌고 총격이 시작되었다. 15분 후 상황은 종료되었으나 결국 이스라엘 선수 11명, 경찰관 1명, 테러리스트 10명이 죽고 말았다.

사건 들여다보기

뮌헨올림픽 인질 테러 사건은 팔레스타인 해방기구(PLO, Palestine Liberation Organization) 내의 테러 단체인 '검은 9월 단(Black September)'에 의해 일어났다.

이 사건을 이해하기 위해서는 팔레스타인과 이스라엘의 역사적 배경을 알 필요가 있다. 1948년 이스라엘이 건국될 때 팔레스타인 사람들은 자신들이 터를 잡고 살던 곳에서 떠나야만 했다. 그때 쫓겨난 일부 팔레스타인인들이 이스라엘에 투쟁을 이어갔는데, 그중 하나가 '검은 9월 단'이다. 나라가 없는 이들이 전 세계인이 집중하는 올림픽 기간 중에 테러를 자행한 것이다.

이 사건은 인질 상황에서 경찰의 대응 부족으로 인질과 인질범 모두가 사망함으로써 결국 비극적인 결말로 종료되었지만, 모든 경찰 기관에 과제를 안겨주었다. '세계적으로 주목받으며 부담감이 큰 인질 상황에서 경찰이 어떻게 효과적으로 대응해야 인질을 살릴 수 있을까?' 하는 의문을 던진 것이다. 구출 작전에 치중해 대책이 수립되면서 결과적으로 상황을 바꾸지는 못했지만, 이런 실패를 통해 인질 상황에서 새로운 대응 방법의 필요성이 제기된 사건이었다.

협상 전문가의 '사건을 바라보는 눈'

Q. 하비 슐러스버그는 누구인가?

인질 협상은 1972년 미국 뉴욕 경찰국(NYPD)의 경찰관이자 심리학 박사인 하비 슐러스버그(Harvey Schlossberg)와 프랭크 볼츠(Frank Boltz) 경위에 의해 처음 시도되었다. 슐러스버그는 경찰 활동에서 협상 기술을 사용한 연구가 거의 없음을 발견하고는 심리학적 방법을 활용해 인질 사건을 해결하고자 했다. 이러한 새로운 접근이 NYPD에 받아들여지면서 인질 구출 프로그램이 최초로 만들어졌고 FBI에도 도입되었다.

Q. 인질 협상에서 '시간의 지연'이 필요한 이유는?

뉴욕시 경찰들은 시간을 지연시키는 것의 중요성을 강조하며, 시간의 지연은 협상관에게 유리하다고 말한다. 개인의 목표 좌절은 흥분을 일으키고, 문제 해결, 창조성을 저하시키며 최종적으로 공격을 포함한 사건이 연속으로 나타나기 때문이다.

가령 남편이 원하지 않은 이혼에 직면하면 초기에는 흥분된 반응을 보인다. 그러면 흥분과 불안함을 감소시키기 위해 어떤 문제 해결 행동을 하고, 변화할 것을 약속하면서 아내의 요구 사항에 주의 깊게 귀를 기울일 것이다. 만약 문제 해결을 위한 그의 시도가 실패하고 아내가 여전히 떠날 것을 주장한다면, 아내의 마음을 돌리기 위해 더 다양한 노력을 하게 된다. 하지만 이러한 노력들이 실패하면, 긴장이 지속되고 마침내 폭력성이 표출되면서 마지막 해결책으로 '아내를 인질로 삼는 것'을 선택할 것이다. 따라서 좌절된 목표로 인한 불안을 진정시키는 것은 중요하며, 이를 위해서는 시간이 필요하다.

스톡홀름 신드롬의 유래:
노르말름 신용은행 강도 사건

사건 요약

1973년 8월 23일. 스웨덴 수도인 스톡홀름의 중심부인 노르말름스토리(Norrmalmstorg)에 위치한 은행에 총기를 휴대한 2명의 강도가 난입했다. 이들은 23일부터 28일까지 131시간 동안 4명(여자 3명, 남자 1명)의 인질을 억류하고 죄수의 석방과 금전을 요구했다. 방탄조끼와 헬멧을 착용한 무장 경찰이 은행을 포위했고, 인질범과 경찰은 서로 총구를 겨누며 대치했다.

사건 들여다보기

인질범은 예전 감방 동료의 석방을 요구하면서 은행 금고에 4명의 인질을 가두었다. 또 자신을 해외로 이동시켜달라며 75만 달러를 요청했지만 정부는 이를 거부했다. 이러한 상황에서 인질들은 인질범이 경찰 기관보다 자신들의 생명을 보호해줄 방법을 알고 있다고 생각했고, 결국 그들의 편을 들어주었다. 인질들은 상황 종료 후에도 오히려 경찰에게는 적대적 감정을 보이고 인질범들의 구명을 위해 활동하는 등 그들에게 호의적으로 행동한다.

이처럼 심리적으로 극한 상황에 처한 인질이 인질범에게 동화되어 감정적 신뢰감을 형성하는 것을 '스톡홀름 신드롬'이라 한다. 스웨덴의 범죄심리학자인 닐스 베예로트(Nils Bejerot)가 사건이 일어난 곳의 이름을 따 처음에는 '노르말름스토리 신드롬'이었으나 이후 국제적으로 보고되면서 '스톡홀름 신드롬'이라 불리게 되었다.

협상 전문가의 '사건을 바라보는 눈'

Q. 스톡홀름 신드롬이 위기 상황에 미치는 영향은?

스톡홀름 신드롬은 위기 상황을 해결하는 데 도움이 된다. 인질범과 인질이 좋은 관계를 만드는 것은 인질의 안전을 위해서 모두에게 좋다. 이때 협상관은 인질과 인질범 사이의 강한 감정적 유대에 대해 이해할 필요가 있다. 감정적 유대를 통한 신뢰감은 아직 항복하지 않은 인질범과 인질을 현장으로 돌아오게 만들며, 인질로 하여금 인질범의 공격성을 감소시킨다. 협상관은 이런 스톡홀름 신드롬에 대해서 준비하고, 석방된 인질들을 격리 수용해야 하며, 인질들을 통해 얻은 정보에 대해서 신중하게 평가해야 한다.

Q. 인질과 인질범, 정서적 애착 관계가 형성될 수 있을까?

인질 상황, 게다가 생명을 위협받는 상황이 되면 누구나 위협을 느끼고 한 공간에 있는 인질범으로부터 벗어나기 어렵다는 것을 인지하게 된다. 이때 인질범의 호의와 인간적인 대우가 있다면 인질은 인질범에게 관대한 마음이 들고, 그와 자신을 동일시하면서 인질범의 행동을 이해하기 시작한다. 이 사건에서 인질로 잡힌 은행 직원들은 131시간이라는 긴 시간 동안 금고실에서 인질범과 함께 지냈다. 자연스레 서로 친숙해지고 동화되었을 것이다.

인질 협상의 발전 :
윌리엄스버그 강도 사건

사건 요약

1973년 1월 19일. 뉴욕시의 스포츠 용품점에 4명의 무장 강도들이 침입했다. 강도들은 권총과 샷건으로 직원들과 손님을 위협했고, 인질 상황 신고를 받고 최초로 출동한 경찰과 총격전을 벌였다. 총격전으로 2명의 경찰관이 부상을 입었고 1명의 경찰관이 사망했으며, 1명의 강도가 부상을 입었다.

이때 경찰은 사상자가 생겼음에도 건물 내부로 들어가 구출 작전을 실행하기보다는 현장을 포위하고 상황을 지켜보며 협상을 시작했다.

사건 들여다보기

인질범들은 밤 8시에 첫 번째 인질을 석방한다. 석방된 인질은 경찰에게 "인질범들이 만약 자신들의 자유가 허

락되지 않는다면 남은 인질을 모두 죽일 것"이라는 메시지를 전달한다. 인질범들은 자신들을 '검은 무슬림(Black Muslim)'이라 칭하며 이슬람 성직자와의 대화를 요구했다. 경찰들은 물과 음식을 제공했고, 인질범들은 부상당한 인질범의 치료를 위한 대가로 인질 1명을 풀어주었다. 이때 경찰서의 주요 인사들과 심리학자를 포함한 외부 전문가로 구성된 대표 기구가 설치되었다. 다행히 다음 날 인질들은 계단에 가려져 있던 비상구를 통해 탈출했다. 하지만 경찰은 계속해서 참고 기다리며 협상을 진행해 인질범들이 스스로 항복하도록 했다.

협상 전문가의 '사건을 바라보는 눈'

Q. 협상 과정에서 짚어봐야 할 것은?

윌리엄스버그 강도 사건은 인질 협상 기법이 적용된 최초의 사건으로 꼽힌다. 비록 사건 초기에 총격이 일어났고 경찰관이 부상으로 사망했지만 '시간을 끌고, 대화를 하는' 접근 방법의 효과를 증명했다. 특히 경찰이 양쪽 모두의 감정을 통제하고 인내심을 발휘해 어떤 사람도 죽거나 부상을 당하지 않게 했다는 점에서 성공적이라고 평가할 수 있다.

위기 협상의 법률 수립:
다운스 판례

사건 요약

1971년 10월 4일 새벽 1시 30분. 조지 기페(George Giffe)는 부인 수전 기페(Susan Giffe) 그리고 보비 웨인 월리스(Bobby Wayne Wallace)와 함께 공항에 도착했다. 그런데 부인이 계속 비명을 지르면서 공항을 떠나려고 하자, 조지는 자신이 의사이며 정신병을 앓고 있는 아내의 입원을 위해 애틀랜타까지 가려고 한다고 설명했다. 하지만 부조종사가 기장 브렌트 다운스(Brent Downs)에게 정신적 불안 증세를 보이는 여성의 비행에 대한 우려를 얘기하자, 갑자기 조지는 권총으로 2명의 조종사를 위협하면서 이륙하도록 했다.

이후 계속 비행을 하라는 조지의 말에 다운스는 연료가 충분하지 않아 잭슨빌(Jacksonville) 공항에서 재급유를 해야 한다고 했다. 그러고는 잭슨빌 공항 관제탑에 재급유를 위해 새벽 5시경 도착 예정임을 알린다.

사건 들여다보기

당시 연료를 채우려고 비행기가 잭슨빌 공항에 착륙했을 때, FBI 요원들은 사건을 해결하기 위해 출동해 있었다. 결과적으로 1심의 지방 법원은 FBI 요원이 비행기 납치 상황을 해결하는 데 있어서 최선을 다했다고 판단해, 당시 환경을 고려했을 때 무력 사용은 이성적이었으며, FBI 현장 책임자였던 오코너(O'Conner)의 결정은 인질의 안전을 고려한 현명한 판단이었다고 보았다. 그러나 2심에서는 인질의 생명을 보호하기 위한 좀 더 나은 대안이 존재했다고 명시했다.

법원은 긴급 상황을 직면했을 때 요원의 행동을 결정짓는 것은 그의 경험과 훈련량이라고 했다. 'FBI 위기 협상 가이드라인'에서는 인질범의 납치 상황에서 인질의 안전을 최우선의 가치로 명시하고 있으며, 상황이 지연되어도 부정적인 결과보다는 긍정적인 결과가 나올 것이라 기대되었으므로 협상이 무력 이전의 더 나은 대안이었다고 본 것이다.

협상 전문가의 '사건을 바라보는 눈'

Q. 이 사례의 법적 쟁점은 무엇인가?

사건 이후에 사망한 조종사의 부인이 연방불법행위청구

법(Federal Tort Claims Act)에 근거해 FBI를 상대로 민사소송을 제기했다. 1심에서는 오코너에게 어떠한 과실도 없다고 판결했지만 2심에서는 "인질의 안전을 위해 조금 더 적합한 대안이 있었을 것이며, 물리적인 공격보다는 '시간 끌기'가 우선적 대안이 될 수 있었다"라고 판결했다.[1] 여기에는 3가지 주요 쟁점이 있다.[2]

첫째, 선택할 수 있는 다른 대안의 유무이다. 법원은 협상 과정에서의 접근 방법은 아주 정교해야 한다고 지적하면서, 비행기 연료가 소모될 때까지 시간을 끌면서 기다렸다면 사건을 해결할 여러 기회가 생길 수 있었다고 예를 들었다.

둘째, 상황을 조기에 종결시키기 위해 인사 관리의 원칙이 지켜졌느냐이다. 법원은 특수한 상황에는 이에 맞는 요원의 선발, 훈련, 임무, 장비에 대한 특별한 준비와 대응이 필요한데, 이러한 원칙이 무시되었다고 보았다.

셋째, 전문화 훈련에 따른 요원들의 임무 수행 능력 향상이다. 법원은 특화된 전문 교육을 받은 요원에게는 향상된 업무 수행을 기대할 수 있다고 지적했다.

---

1   Downs v. United States, 522 F.2d 990(1975).

2   Tomas C. Mijares, Jay D. Jamieson, "Case Study: Downs v. United States", 〈Journal of Police Crisis Negotiations〉 Vol. 5, No. 1, 2005.

Q. 다운스 판례는 왜 중요한가?

다운스 판례는 위기 상황에서 물리력 행사보다는 협상을 통한 평화적 해결이 우선되어야 함이 정립된 시초로, 위기 협상 발전에 귀중한 초석이 되었다.

좀 더 자세히 알아보면, 첫째, 경찰이 선의로 대응한 것이라도 경찰의 실수는 시민의 비난 대상이 될 수 있고, 법적 책임에서 자유로울 수 없음이 증명되었다. 즉, 선의는 인질 구조를 위한 작전 실패의 충분한 이유가 될 수 없다는 것이다. 왜냐하면 경찰관의 임무 수행에는 많은 변수와 환경적 요소가 개입하며, 상황을 더 악화시키지 않기 위해서는 경찰관의 '주의'가 필요하기 때문이다. 인질범이 어떻게 행동할지 예측이 어렵다는 사실을 충분히 예상할 수 있기에 물리력에 의한 구출 작전은 최후의 수단이어야 하고, 상황을 돌이킬 수 없는 경우에 행사되어야 한다.

둘째, 범죄 행위는 수시로 다양하고 광범위하게 변화하는데, 경찰은 관행대로만 업무를 집행하고 있어 변화가 요구됨을 지적했다. 법원은 특수한 상황에는 특수한 대응이 필요하다고 판결했는데, 이러한 변화 요구에 많은 법 집행기관들이 적응하지 못한 채 위기 상황에서 조직 구조, 작전 과정, 인원 선발, 훈련 등 과거의 관행을 그대로 답습하고 있음을 꼬집었다. 따라서 위기 상황에서는 전문적인 훈련을 받은 사람이 임무를 수행해야 바람직한 결과를 기대할 수 있다는 것이다. 위기 협상관은 반드시 전문

적인 훈련을 받은 사람이 수행해야 함이 법적으로 수립된
사례이다.

셋째로, 위기 상황에 적합한 표준 절차의 수립이 필요함
을 알려주었다. 이 사건에서는 부조종사와 다른 인질범에
대한 정보 수집을 위한 FBI의 추가 질문이 없었고, 현장
지휘관이 쉽게 협상을 포기하고, 물리적 구출 작전을 선
택했는데, 이러한 절차가 위급 상황에서는 심각한 위험과
불상사를 유발할 수 있기 때문이다. 다수의 위기 협상 사
례의 연구와 훈련을 통해 위기 협상에 적합한 새로운 절
차를 수립해 현장에서 즉시 활용할 수 있어야 한다.

Q. 이후 위기 협상 과정에서 달라진 점은?

FBI 위기 협상팀은 인질 사건에 대한 데이터베이스가
필요하다고 판단하고, 인질 사건 데이터베이스 시스템
(HOBAS, Hostage Barricade Database System)을 설립해 전국
경찰 기관으로부터 수집한 자료를 체계적으로 구축했다.
HOBAS는 온라인 법 집행 기관(LEO, Law Enforcement On-
line)의 일부분으로, FBI에 의해 발전되고 관리되고 있다.
또한 경찰과의 인질 대치 사건에 대한 데이터베이스로써
표준화 절차를 제공하는데, 연구 가능한 사건인지와 그
사건에 관여한 경찰 기관에 가치 있는 자료가 될 수 있는
지를 기초로 한다. 따라서 중대한 사건에 대응하는 그룹
의 구성원은 HOBAS로부터 비슷한 상황에 대한 프로파

일을 뽑아낼 수 있고, 비슷한 사건을 경험한 협상관에게 자문을 할 수도 있다. 또 범죄자와 피해자로부터 다음과 같은 지표를 사용해 자료를 수집한다.

- 나이, 성, 결혼 여부, 인종을 포함한 인구 통계
- 피해자와 피의자의 언어력
- 사건에 영향을 줄 수 있는 건강 요소
- 용의자와 피해자의 종교적 배경
- 피해자의 치료(Treatment)
- 범죄 경력
- 피의자의 정신적 건강 문제
- 피의자의 자살 시도 여부
- 사건 전의 약물 남용
- 사건에 관련된 무기 종류
- 사건에 폭탄 사용 여부
- 피해자의 이동 허용
- 스톡홀름 증후군의 발생 여부
- 사건 전, 피의자와 피해자 간의 관계
- 피해자가 풀려나거나 구해졌는지, 혹은 풀려나가거나 구해지는 데 필요한 행위
- 사건의 결과
- 다치거나 죽지 않고 해결된 사건의 용의자 상태

HOBAS(2014)에 따르면,[3] 위기 상황의 49%가 가정 문제와 관련이 있고, 21%의 가정 폭력이 전직 군인에 의해 자행되고 있다고 한다. 또 인구의 7%인 전직 군인이 미국 전체 자살자의 20%를 차지하며, 30%의 사건이 알코올과 관련되어 있다.

사건 전개 과정

1971년 10월 3일

조지 기페는 빅브라더(Big Brother) 항공사에 전화해서 조지아주 애틀랜타까지의 전세기 취항 여부를 문의한다.

17:00   항공사를 방문해 10월 4일 새벽 1시에 자신 외 2명, 금속 상자를 포함한 수화물에 대한 항공료를 지불한다.

1971년 10월 4일

1:30   조지 기페는 부인 수전 기페(Susan Giffe) 그리고 보비 웨인 월리스(Bobby Wayne Wallace)와 함께 공항에 도착한다. 그런데 부인이 계속 비명을 지르면서 공항을 떠나려고 하자 조지는 자신이 의사이며 아내가 정신병을 앓고 있어 돌보고 있으

---

3 McMain, Mullins, Young, 《Crisis Negotiations: Managing Critical Incidents and Hostage Situations in Law Enforcement and Corrections》 6th Ed, ROUTLEDGE, 2021, p.503에서 재인용.

며, 입원하기 위해서 애틀랜타로 가야 한다고 설명한다. 하지만 부조종사가 기장인 브렌트 다운스(Brent Downs)에게 정신적 불안 증세를 보이는 여성의 비행에 대한 우려를 얘기하자 조지는 갑자기 권총으로 2명의 조종사를 위협하면서 모두 탑승시키고, 새벽 2시에 이륙하도록 지시한다.

조종사가 무선 신호를 통해 관제탑에 인질 상황을 알린다. 조지는 비행기에 12파운드의 폭탄이 적재되어 있고, 10분마다 기폭 장치를 재조정해야 폭발하지 않도록 설계되었다고 주장하며, 기장에게 바하마(Bahamas)로 비행하라고 한다. 그러나 다운스는 연료가 충분하지 않아 잭슨빌 공항에서 재급유를 해야 한다고 하며 비행 중 잭슨빌 공항 관제탑에 재급유를 위해 새벽 5시경 도착 예정임을 알려준다.

4:00   FBI 현장 책임자인 오코너(O'Conner)에게 비행기 납치 사건이 보고된다.

4:50   공항에 도착한 오코너는 현장을 지휘한다. 2명의 남자 인질범이 아내를 인질로 잡고 있는 상황임을 보고받는다.

5:15   비행기가 착륙하자, 오코너는 FBI 요원들에게 재급유 등 어떠한 편의도 제공하지 말라고 지시한다. 조종사에게 비행기 엔진의 정지를 요구했으나, 그는 12파운드의 폭탄이 적재되었다는 사실

을 알리며 경고한다. 오코너는 FBI 요원들에게 '시간 끌기' 게임으로 발전하니 다음 지시가 있을 때까지 현재의 위치를 고수하라고 명한다.

부기장은 왼쪽 엔진을 정지시키고, 비행기에서 내려와 인질범이 폭탄을 가지고 있으며, 여자는 심적으로 안정되었다고 얘기해준다. 하지만 FBI 는 부기장에게 인질에 대한 정보, 비행기 내부 구조 등을 묻지 않았고, 폭탄에 대한 정보도 거짓이라고 무시한다.

공범인 윌리스가 요구 사항을 전달하기 위해 비행기에서 내려오자, 항공기 납치 혐의로 체포하고 당시의 FBI 내규에 따라 더 이상의 정보나 수집을 위한 피의자 질문을 하지 않는다.

5:30 오코너는 비행기의 이륙을 허용하지 않으려고 차량 2대를 비행기 바로 옆에 주차하고, 비행기의 타이어에 총격을 가해 펑크를 내려고 했으나 실패한다. 비행기에 접근하면서 FBI 수사관임을 밝히고, 즉시 항복할 것을 요구하자 비행기에서 두 발의 총알이 발사되었다. 그러자 FBI는 엔진에 총격을 가해 비행기의 동작을 멈추게 한다. 비행기 내부에서 신음이 들려 진입하자, 2명의 사망한 인질과 중상을 입은 인질범이 발견되었다.

제3중재인의 활용:
루비릿지 인질 사건

사건 요약

1992년 8월 21일. 연방보안국(US Marshal)은 극우테러리스트로 추정되는 랜들 위버(Randall Weaver)의 농장을 감시하던 중 그의 아들 새뮤얼 위버(Samuel Weaver), 랜들의 친구 케빈 해리스(Kevin Harris)와 무장된 상태로 총격을 벌인다. 이 총격으로 연방보안관 2명과 아들 새뮤얼이 사망했다. 이후 FBI 본부에서 인질 구조팀(HRT, Hostage Rescue Team)이 출동했으며, 열흘간 위버의 농장을 포위하고 협상을 진행한다.

사건 들여다보기

FBI 협상관이 도착하기 전에 배치되었던 FBI HRT의 저격수는 농장 내 가옥으로 도망치는 2명의 자녀를 향해 총격을 가했다. 아들이 총상을 입었고, 문 뒤에 서 있던 랜들 위버의 아내 비키 위버(Vicki Weaver)가 10개월 아기를 가슴에 안은 채 총에 맞아 숨졌다. 랜들 위버는 반정부주의의 급진주의자로 알려져 있으며, 정부의 권력을 인정하지 않아 연방보안국에서는 위험 인물로 간주했다. 위버는 연방정부에 의해 그와 그의 가족들이 박해를 받고 있다며 정부에 대한 극심한 불신으로 FBI와의 협상 과정에서 대화를 거부했다. 정부와의 대화를 거부하자 위버의 동의하에 보 그리츠(Bo Gritz)를 포함한 민간인을 제3중재인으로 투입해 협상이 순조롭게 진행되었고, 더 이상의 인명 피해 없이 사건을 종결시킬 수 있었다.

이 사건은 협상이 교착 상태에 빠져 있을 때 제3중재인을 활용해 협상을 해결한 좋은 사례로 평가된다. 하지만 사건 종료 후 위버는 연방정부를 상대로 소송을 제기해 승소했다. 특히 아무런 혐의가 없던 아내 비키의 사망과 관련해 FBI 저격수의 사격에 대한 논란이 많았다.

협상 전문가의 '사건을 바라보는 눈'

Q. 위기 협상이 교착 상태일 때 어떻게 해야 할까?

보통 제3중재인은 협상의 교착 상태에서 참여 여부가 논의된다. 인질범과 대화로 소통이 어렵고, 인질범의 요구 사항이 있을 때 제3중재인의 참여를 고려한다. 보통 가족, 친구, 직장 동료, 성직자 등이 거론되며, 성직자의 경우 인질범의 행동에 정당성을 부여할 수 있으므로 유의해야 한다.

제3중재인을 협상에 참여시킬 때에는 인질범과의 관계, 인질범의 동기 및 최근 관계 확인이 우선 필요하다. 과거의 인질 협상 사례에서 제3중재인의 투입이 대부분 성공보다는 인질범의 감정을 고조시켜서 실패한 경우가 많으므로 신중하게 결정해야 한다.

강제 진압의 참사: 다윗파 사건

사건 요약

1993년 2월 28일 아침. 미국의 ATF(Alcohol, Tobacco and Fire Arms) 요원이 불법 무기 수색을 목적으로 영장 집행을 위해 텍사스주 웨이코(Waco) 근방에 있는 다윗파[4]의 건물을 압수 수색했다. 그 과정에서 총격이 발발했고, ATF 요원 4명과 다윗교인 6명이 사망했다. 이 일로 다윗파와 FBI가 56일 동안 대치하다가 인질 구출 작전 중에 화재가 발생했고, 25명의 어린아이를 포함한 76명의 사상자가 발생했다.

---

4 다윗파의 교주는 데이비드 코레시(David Koresh)로, 주로 무기법 위반 혐의를 받고 있었다.

사건 들여다보기

사실상 ATF가 진압에 실패하자 FBI는 인질 구조팀(HRT, Hostage Rescue Team)과 위기 협상팀을 투입하고 전체 작전을 지휘한다. 우선 외부로부터의 모든 통신을 차단한 후 교주인 데이비드 코레시와 협상을 통해 19명의 아이들이 석방된다. 경찰관은 석방된 아이들과 대화를 시도해 그들이 오랫동안 성적으로 학대당했다는 증언을 확보한다.

대치 9일째, 다윗교인은 자신들이 인질이 아니며, 자발적으로 남아 있다는 내용의 비디오를 녹화해 FBI에 전하는데, 이때 FBI는 비디오 화면에 여러 명의 아이가 등장해 구출 작전의 위험성과 동정 여론이 생길까 우려하기도 한다. FBI 지휘 본부도 협상을 지속해야 한다는 의견과 무력 진압을 해야 한다는 의견이 갈리기 시작했다. 점차 시간이 지남에 따라 강경책이 우세해졌고, 소음을 통한 수면 방해 등 물리적 방법을 활용하기에 이른다.

협상이 진행되는 중 교주 데이비드 코레시는 신도들에게 떠날 것을 지시했고, 교인 11명이 밖으로 나와서 체포된다. 몇 명의 학자는 FBI의 강경책이 다윗교인들에게 종말론을 정당화시키는 구실로 작용해 비극적인 결말을 맞을 수 있다고 충고했다. 실제로 데이비드 코레시는 자신을 떠나지 않는 아이들과 스스로를 구세주라 생각했고, FBI 위기 협상팀과의 대화는 순조롭게 진행되지 않았다. 몇몇 전문가는 최악의 경우 순교와 같은 비극적인 결말에 대한 우려를 협상팀에 전했다.

하지만 FBI는 아동 성적 학대에 대한 위험을 이유로 1993년 4월 19일 최루 가스를 살포하며 구출 작전을 개시한다. 작전 개시 후에 건물 3곳에서 화재가 발생해 9명만 탈출하고, 76명이 목숨을 잃었다.

협상 전문가의 '사건을 바라보는 눈'

Q. 이 사건은 어떻게 평가받는가?

다윗파 사건은 FBI의 체계적인 구출 작전의 부재로 다수의 사상자가 발생했다는 비판이 제기된 사건이다.

하지만 이 사건을 계기로 FBI는 일방적이고 일직선 형태의 접근으로부터 벗어나 병렬적이고 통합적인 접근으로 인질 교섭을 하게 되었다. 또 협상팀과 전술팀은 사건을 해결하는 과정에서 서로 협력하는 관계로 발전했다. 즉, 사건의 포위망을 구축하는 데 있어 협상관들과 전략팀의 병행적인 적용이 가장 바람직한 포위라는 것을 깨닫게 된 것이다.

뉴테러리즘의 모형:
모스크바 극장 인질 테러 사건[5]

사건 요약

2002년 10월 23일 21시 15분. 2대의 밴이 모스크바 시내 메리니코바 거리에 위치한 두브로브카(Dubrovka) 극장 앞에 멈춰 섰다. 30분 후 차 안에서 무장한 남녀가 내리더니 극장 안으로 침입했다. 당시 그곳에서는 러시아에서 유명한 뮤지컬 〈노르 오스트(Nord-ost)〉가 상연되고 있었다. 그들은 공연을 보던 979명의 관객을 인질로 잡고 58시간 동안 대치했다. 결과적으로 129명의 사망자가 발생했다.

사건 들여다보기

모스크바 극장 인질 테러는 체첸의 분리 독립을 원하는,

---

5 이종화, "국제 인질 테러 현황", 〈한국위기관리논집〉 8권 4호, 2012. 8. 30.

고도의 훈련을 받은 이슬람 원리주의자들에 의해 발생한 전형적인 뉴테러리즘 유형의 사건이다. 뉴테러리즘은 테러의 대상이 무차별적이며, 테러의 목적도 불분명한 새로운 개념의 테러리즘을 말하는데, 이슬람 원리주의자들이 비이슬람교도나 적대 세력인 러시아인을 무차별적으로 살상하고, 자살을 숭배했다는 점에서 사건이 의미하는 바가 크다. 특히 사전에 치밀하게 설계된 계획하에 테러범들은 적대 국가의 수도에 위치한 극장을 점거해 다수의 무고한 시민들을 인질로 잡았으며, 극장 내부에 저격수를 배치하고, 부비트랩과 2개의 대형 폭탄을 설치하는 등 아주 전문적이고 지능적인 행태를 보여주었다.

2001년에 푸틴 러시아 대통령은 체첸에서의 승리를 선언했고, 러시아의 미디어들은 전쟁 종식 후의 안전한 러시아에 대해 집중적으로 보도하고 있었다. 때문에 테러는 이러한 러시아의 인식을 전면적으로 파괴할 수 있는 아주 적절한 수단이었다. 또한 당시는 테러와의 전쟁을 수행하고 있던 미국과 러시아가 동맹을 맺으면서 체첸 문제가 세계의 시선에서 멀어져가고 있던 시기였다. 그렇기에 체첸의 입장에서는 과감한 테러를 통해 다시 체첸 문제를 국제 사회에 재인식시킬 필요가 있었다.

모스크바 극장 인질 테러 사건은 약 2~3개월간 준비가 필요했을 것으로 판단된다. 인질 테러에 필요한 무기는 오작동을 피하기 위해 대부분 신제품을 구입했는데, 15정 반자동 AKMS740, 3,000개의 탄창, 11개의 권총,

114개 수류탄 등으로 구매 비용만 약 6만 달러가 소요되었다.[6] 하지만 극장 내에 설치되었던 대부분의 폭탄이 구출 작전이 개시된 후에 충분한 시간이 있었음에도 폭발하지 않은 것은 기폭 장치에 문제가 있었던 것으로 추정된다. 고도로 훈련받은 테러범은 극장 내부를 여러 구역으로 나누고 각각의 구역에 조를 편성해 정기적으로 교대했으며, 인질을 석방할 때마다 정보 누설에 대비해 설치된 폭탄의 위치를 변경했다.

인질 테러와 자살 폭탄 테러를 동시에 준비한 것은 아주 중요한 의미가 있다. 인질 테러의 가장 중요한 목적은 대중매체의 관심을 통해 테러 단체의 목적과 동기를 전 세계에 알리는 것이다. 여기에 더해 자살 폭탄 테러를 일으킴으로써 체첸의 현실적 괴로움을 견디느니 차라리 죽음이 더 낫다는 인상을 남기는 것이다. 이때 자살 폭탄 벨트를 여성이 차고 있다면 더 큰 동정심을 유발할 수 있다.

협상 전문가의 '사건을 바라보는 눈'

Q. 테러범들은 왜 극장을 테러 장소로 택했을까?

인질 사건의 평화적인 해결을 위해서는 협상 전 테러 행

---

6   Adam Dolnik, Richard Pilch, "The Moscow Theater Hostage Crisis: The perpetrators, their tactics, and the Russian Response", 〈International Negotiation〉 vol. 8, No. 3, 2003.

위의 배후에 숨겨진 동기와 목표를 이해하는 것이 도움이 된다. 인질 협상에서 테러범이 주장하는 명시적인 요구와 실제로 테러범이 원하는 사안은 다를 수 있다. 인질 테러의 동기와 목표에 대한 분석을 통해 실제로 테러범이 원하는 사안을 폭넓게 인식할 필요가 있는 것이다. 실질적인 요구에 대한 인식은 테러범의 요구에 대해 다양한 대책을 수립할 수 있으므로 성공적인 협상을 위해 반드시 필요하다.

그렇다면 이들은 왜 이러한 장소를 선택했을까? 대상 국가의 수도에 위치한 다중운집 시설을 테러의 장소로 선택한 이유를 추론해보면, 우선 상대 국가의 중심지를 언제든지 공격할 수 있다는 능력 과시로 볼 수 있다. 또한 뮤지컬 공연 중인 극장을 점거한 것은 관객들이 중·상류층에 속해 인질로서의 가치를 극대화시킬 수 있었다. 마지막으로 수많은 무고한 인명이 살상당하고 있는 체첸과 달리 희희낙락하고 있는 러시아 수도의 모습을 대비해 보여줌으로써 시사하는 바가 있다고 생각했을 것이다.

Q. 이 사건에서 협상의 어려움은 무엇이었을까?

① 사전에 치밀하게 계획된 인질 상황
사전에 테러 장소를 선정하고, 인질 상황에 필요한 물품을 준비한 경우 즉흥적으로 발생한 인질 상황과 비교하면 협상 과정에 상당히 긴 시간이 필요하다. 협상팀이 인질

테러범에게 제시할 수 있는 카드가 아주 제한적이어서 테러범에게 영향력을 발휘하기까지는 상당한 시간이 소요되는 것이다. 특히 다수의 인질범이 존재하면 협상관과의 라포르(Rapport) 형성이 어렵고, 자신들의 협상 대표를 교체하며 이미 형성된 라포르 또한 쉽게 소멸시킬 수 있다. 그룹 안에서 행동할 때는 다른 동료들을 의식한 나머지 인질을 살상하는 데도 잔인한 행위를 과감하게 자행할 수 있어 이 또한 협상의 장애 요인이 된다.

② 고도로 훈련되고 냉철한 인질 테러범

인질을 살상할 수 있도록 훈련된 테러범의 존재는 협상 진행을 어렵게 만든다. 인질 상황 초기에 성별, 나라별로 인질들을 구분해 관리하는 것은 구출 작전 시 여러 장소에서 동시에 작전이 전개되어야 한다는 부담을 준다. 특히 테러범이 아무런 망설임 없이 살상할 수 있도록 러시아 성인 남성과 같은 선별된 집단을 만들었다는 면에서 협상이 결렬될 수 있다.

③ 테러범의 요구 불변

일반적인 위기 협상의 경우에는 인질범이 최초에 상당히 과감한 요구 사항을 내걸지만, 시간이 지남에 따라 배고픔, 갈증, 수면 등 생리적인 욕구로 자신들의 요구 사항을 줄이거나 수위를 낮추게 된다. 하지만 시간이 경과해도 인질범의 요구가 줄거나 낮아지지 않는다면 협상의 여지는 상당히 축소될 수밖에 없다.

테러범이 다수일 경우 협상 대표는 동료들의 격려와 지지를 받으며 협상 과정에서 우월한 기분을 느낄 수도 있는데, 이러한 상황이 오히려 협상 진행을 방해한다. 특히 자신들의 요구 사항이 언론을 통해 공표되었는데, 시간이 지남에 따라 수위를 낮춘다면 그것이 자신들의 약점이나 실패로 비추어질 수 있으므로 최초의 요구 사항을 강경하게 유지하곤 한다. 그러면 평화적인 협상을 통해 해결하기가 더욱 어려워진다.

④ 자살 폭탄 테러 선언
일반적인 위기 협상은 인질범의 생존 본능을 전제로 위기 상황을 평화롭게 해결하는 과정이라고 할 수 있는데, 인질범이 생존보다는 대의를 위한 죽음을 원한다면 협상이 어려워질 수밖에 없다. 생존 본능이 없는 인질범에게는 특공대의 출현도 위협이 되지 못한다. 인질 상황에서 자살 폭탄 테러의 우선순위는 자살이며, 그다음이 가능한 많은 인질을 살상하는 것이기 때문에 처음부터 협상을 통한 평화적인 사태 해결의 가능성은 현저히 낮다.

Q. 협상 과정에서 긍정적인 요소로 짚어봐야 할 것은?

① 스톡홀름 신드롬의 발생
모스크바 극장 인질 테러 사건에서 보면, 테러범이 인질

에게 폭력을 행사하거나 해를 입히지 않으면서 자연스럽게 스톡홀름 신드롬이 발생했다. 그들은 인질에게 극장 내의 바를 통해 스낵이나 먹거리를 제공했고, 심지어 구출 작전이 시작되면 살아남는 방법에 대해 설명해주기까지 했다. 스톡홀름 신드롬의 발생은 인질에 대한 살상을 억제해 협상을 통한 평화적인 해결을 가능하게 해준다.

② 인질에 대한 살상 행위가 없고, 독자적인 인질 석방
58시간의 인질 상황에서 살해된 사람은 총 3명으로, 이들은 인질이 아니라 외부에서 극장 내부로 들어오던 사람들이었다. 테러범에게는 살해된 3명 모두 러시아연방보안국(FSB, Federal Security Bureau)의 스파이로 보일 여지가 충분히 있었다.
또한 테러범들은 시한과 필요에 의해 인질을 살해하지 않았으며, 러시아 정부의 협상 요구에 응하는 것이 아닌 독자적인 판단으로 자신들이 인정한 인물이나 적십자 직원을 통해 인질을 석방했다. 인질의 석방은 차후 협상에서도 러시아 정부가 요구하면 쉽게 인질 석방이 가능하다는 표시로 해석될 수 있고, 이는 협상의 의사가 있는 것으로 유추될 수 있다.

③ 요구 시한 경과의 용인
테러범이 요구한 시한이 아무런 불상사 없이 경과했다면 이는 차후에도 다른 시한의 경과에도 협상의 여지가 있음

을 나타낸다. 체첸 테러범들은 시한의 경과에도 불구하고
인질을 살해하지 않았고, 자신들이 처벌하기로 한 행위에
대해 관용을 베푸는 호의를 보였다.[7]

Q. 협상 과정에서 부정적인 요소로 짚어봐야 할 것은?

① 협상 과정에서 노출된 문제점
첫 번째는 통신수단이다. 모스크바 극장 인질 테러 사건
의 협상 과정에서 가장 큰 문제점은 테러범과 현장 지휘
본부와의 직접적인 통신수단의 부재라고 할 수 있다. 협
상을 위해서는 양 당사자 간의 대화할 수 있는 직접적인
의사소통 수단이 존재해야 한다. 이것은 서로의 오해를
줄이고, 혹시 발생할 수 있는 참사를 예방하는 데 도움을
준다.
이 사건에서의 주요 통신수단은 테러범과 그들이 지명한
유명인사들 간의 대면 협상과 인질의 휴대폰이었다. 테러
범은 자신들의 요구 사항을 기자, 대중매체와의 인터뷰,
사전에 촬영된 비디오 테이프, 인질을 통해 전달했다. 러
시아 정부도 극장 내부에서 라디오와 TV를 수신한다는
가정하에 테러범에게 전달하는 내용을 공개 성명서를 통

---

7 테러범들은 인질 중에 경찰관을 색출하던 중 경찰 간부를 발견했으나 살해하지 않았
   다(Anne Speckhard, Nadejda Tarabrina, Valery Krasnov, and Khapta Akhmedova, "Research
   Note: Obsevations of Sucidal Terrorists in Action", 〈Terrorism and Political Violence〉 Vol. 16,
   No. 2, 2004).

해 전달했다. 이와 같은 간접적인 통신수단은 직접적인 대화에서는 생생하게 느낄 수 있는 새로운 상황의 전개를 전혀 인식할 수 없다는 치명적인 단점이 있다. 그래서 테러범들의 요구 사항에 협상팀은 즉각적으로 대응할 수 없고, 협상의 좋은 기회를 잃어버리게 된다.

이때 대면 협상을 한 사람들은 기자, 의사, 정치인, 가수 등 위기 협상 전문가가 아니었다. 그렇기에 협상 도중에 할 말, 피해야 할 표현, 금기 행위 등에 대한 사전 지식이 부족해 효과적인 협상이 실제로 이루어졌을까 하는 의문이 생긴다. 그리고 극장 내부의 테러범과 현장 지휘 본부 간 전화가 설치되지 않은 점은 아직도 의문으로 남는다.

두 번째는 시간의 활용 부족을 들 수 있다. 위기 협상에서 시간의 경과는 협상팀에게 유리하게 작용한다. 시간이 경과하면 테러범과 인질 사이에 스톡홀름 신드롬이 생기고, 테러범의 체력과 정신력은 점점 낮아지며, 구출 작전에 대비한 특공대도 충분한 정보 수집과 예행 연습을 통해 작전 시 피해를 최소화할 수 있다. 하지만 이 사건의 인질 상황에서는 반대로 러시아 정부가 시간에 쫓기는 듯한 태도를 보였다. 자체적으로 정한 시한에 맞추어 사태를 해결하려고 한 것이다. 그러면 인질 상황에 관련된 모든 인력은 부담을 느끼게 되며, 특히 협상팀에게는 더 큰 부담감이 작용해 상황을 악화시킬 수 있다.

세 번째는 의도하지 않았던 테러범을 자극한 요인들이다. NTV가 테러범과의 인터뷰를 대화 소리는 들리지 않게 자막으로 처리해 방영함으로써 테러범을 자극했고, 이로 인해 더 이상의 인질 석방이 어렵게 되었다. 게다가 러시아 정부는 최초의 공식 발표에서 자살로써 자신들의 강력한 의지를 천명하려는 테러범들의 의지를 무시하고, 둘째 날에는 제3국으로의 망명을 제안하며 테러범들을 흥분시킨다. 특히 몇몇 러시아 정치인이 자발적으로 인질 교환의 대상이 되겠다고 제안했지만, 이는 그동안 유지된 스톡홀름 신드롬을 사라지게 만든다. 결국 테러범이 인질 교환을 거부해 실제로 이루어지지는 않았지만, 이러한 소동이 오히려 테러범의 신경을 자극해 협상에 부정적인 영향을 끼쳤다.

마지막으로, 테러범의 요구에 대한 정부의 경직된 반응을 들 수 있다. 테러범의 명시적 요구는 체첸에서의 종전과 7일 내 러시아군의 철수였다. 그런데 러시아 정부는 정치적인 이유로 철군은 수용이 불가능한 요구라며 성명을 발표한다.

하지만 그들의 실질적 요구는 체첸에서의 평화, 러시아군의 소탕 작전 중지, 체첸 내의 인권 향상 등 관련 문제를 협상하는 것이었다. 따라서 정부는 상황을 전환하거나 대체 방안을 논의할 여지가 충분히 있었다.

협상을 통해 실질적 요구 사항과 테러의 목적, 동기를 알아내서 테러범의 요구에 어느 정도 부합되는 대안을 제시할 수 있다. 실제로 테러범이 지명한 협상 인사들도 체첸에 주둔하고 있는 5만 군대를 7일 내에 완전히 철수하기는 물리적으로 불가능함을 언급했다. 테러범의 요구에 대한 대안으로 일부 지역에서 7일 내 러시아군 철수와 대규모 살상·공격 무기의 사용 정지 등을 생각해볼 수 있다.

② 준비 없는 구출 작전으로 대규모 희생자 발생
러시아연방보안국은 구출 작전 후의 처리에 대해 아무런 준비 없이 작전을 개시했다. 첫째, 가스 살포 후 인질들에 대한 후송 계획이 없었고, 둘째, 가스 중독에 대비해 주변 병원과의 가스 성분과 치료제에 대한 정보 공유가 전혀 없었다. 단순히 인질 상황 종료에 초점을 두고 구출 작전을 감행하여 120여 명의 사망자가 발생했다.

사건 전개 과정[8]

2002년 10월 23일

21:15   2대의 밴에서 내린 무장한 남녀 괴한이 뮤지컬 공연 무대를 점거했다. 당시 관객들은 공연의 특수 효과라고 생각했으나 무장 괴한들이 총을 허공에 난사하면서 실제 상황으로 인식했다. 테러범들은 인질들에게 소지한 휴대폰으로 친구나 가족에게 인질로 잡혀 있다는 이야기를 전하라고 명령했다.

---

8   BBC, CNN 등의 매체와 위키피디아(Wikipedia) 자료를 참고했다.

테러범들은 바로 부비트랩을 설치하고, 구출 작전에 대비해 극장 내부 30여 곳에 폭탄을 설치했다. 약 110파운드의 대형 TNT폭탄을 거리를 두고 2개의 장소에 배치했다. 그리고 19명의 여자 테러범들은 약 1.75~4.5파운드의 자살용 폭탄 벨트를 착용했다.

21:45 푸틴 대통령에게 테러 사건이 보고되었다.

22:45 경찰과 러시아연방보안국(FSB)이 극장 주변을 완전히 포위했다. 2대의 장갑차, 20대의 경찰차, 5대의 소방차와 구급차가 배치되었다. 지휘 본부는 극장 옆의 보훈 병원에 설치되었고, FSB의 부국장인 블라디미르 프로니체프(Vladimir Pronichev)가 지휘를 맡았다. 테러범들은 12세 미만의 어린이 20명과 임산부를 포함한 30여 명의 인질을 풀어주었다.

2002년 10월 24일

12:00 자정이 지난 후에 러시아의 체첸 지역 국회의원 아슬란벡 아스라카노프(Aslanbek Aslakhanov)가 처음으로 테러범과 접촉했다고 발표한다. 인질 중 1명이 러시아 NTV에 전화해 인질범과의 인터뷰를 요청했고, 아스라카노프도 테러범과 언론 간의 접촉을 받아들였다. 그러자 테러범들은 아무 조건 없이 17명의 인질을 석방한다.

1:00	극장 점거 4시간 후, 처음으로 러시아 정부의 인질 테러 사건에 대한 공식 선언이 발표되었다. ① 테러범이 인질을 살해하지 않는 한 구출 작전을 하지 않을 것이며 ② 인질들을 즉시 석방한다면 제3국으로의 망명을 인정하고 ③ 사태 해결을 위한 몸값 지불은 없다는 내용이었다.
4:00	테러범들은 러시아 정부와의 협상과 상관없이 계속해서 인질들을 석방했고, 약 100여 명의 인질들이 석방되었다. 그런데 갑자기 여자 1명이 러시아 경찰의 포위망을 뚫고 극장 내부로 진입하자, 테러범들은 러시아 경찰로 생각하고 여자[9]를 사살했고, 첫 희생자로 기록된다. 그들은 최초로 7일 안에 체첸에서의 러시아군 철수를 공식 요구한다.
5:00	테러범은 9시에 미국, 영국, 독일 등 76명의 외국인 인질들을 각국의 외교관에게 직접 인도할 것이라고 말한다.
6:00	테러범은 술에 취한 경찰관 1명이 극장에 접근해 사살했다고 발표한다. 러시아 정부는 이러한 사실을 즉시 부인한다.[10]

---

9 올가 로마노바(Olga Romanova)로, 극장의 판매점 직원이며 극장 안 주거 시설에서 거주했다.

10 사건 종료 1년 후에, 사살된 사람은 러시아연방보안국의 소령으로 소신을 갖고 어린 이를 대신해 인질로 들어가겠다는 의도로 접근했다고 러시아 정부가 인정했다.

8:00   석방 계획이 지체된다.

10:00   테러범들은 국제적십자, 국경없는의사회와의 대
        화 주선을 요구하고, 언론인 안나 폴리포브스카
        야(Anna Politkovskaya), 정치인 이리나 카카마다
        (Irina Khakamada), 그리고리 야브린스키(Grigory
        Yavlinsky)를 협상자로 요구한다.

13:00   유명 대중 가수인 이오시프 코브존(Iosif Kobzon)
        과 적십자 의사들이 극장 안으로 들어간다. 그들
        은 15분간 극장에 머물면서 테러범의 요구 사항
        을 듣고, 여자 1명, 어린이 3명과 함께 나온다.

15:00   코브존은 이리나 카카마다와 함께 다시 극장 안
        으로 들어가 더 많은 인질의 석방을 위해 테러범
        과 협상해보지만 실패하고 만다.

18:35   갑자기 극장 안에서 총성이 들렸지만, 인질의 처
        형이 아닌 것으로 판명된다.

2002년 10월 25일

00:00   의사 레오니드 로살(Leonid Roshal)이 치료와 의약
        품 제공을 위해 극장 안으로 들어간다.

3:00   로살이 NTV의 기자들과 함께 들어간다. 테러범
        은 NTV 기자와의 대화에서 인터뷰가 방송된다
        면 어린이들을 석방하겠다고 선언한다. 인터뷰
        종료 1시간 후에 7명의 인질을 조건 없이 극장
        밖으로 내보낸다.

12:00	8명의 어린이가 적십자 직원과 함께 석방된다.
15:00	안나 폴리포브스카야가 극장 안으로 들어가 테러범들의 요구 사항을 전달받는다. 요구 사항은 크게 2가지로, 첫째는 푸틴의 체첸 종전에 대한 공식 선언, 둘째는 가시적인 철군 조치였다.
21:00	체첸에 우호적인 다수의 인사가 테러범과 접촉하면서 더 많은 인질 석방을 위해 노력했으나 실패한다.
23:30	신원미상의 남자가 극장 현관으로 들어가자 테러범들은 러시아 경찰로 오해해 많은 인질범 앞에서 그를 사살한다. 그때 갑자기 남성 인질 1명이 자살 폭탄을 착용한 여성 테러범에게 달려들자 현장에서 바로 사살한 후 테러범들은 지휘 본부에 연락해 구급차를 요청한다.

2002년 10월 26일

5:15	극장 환기구를 통해 내부에 가스가 살포된다.
5:35	FSB 세 팀이 구출 작전을 개시한다.
7:20	극장 전체가 FSB에 의해 통제되고, 구출 작전이 종료된다.

역사상 최악의 인질 사건: 베슬란 학교 인질 테러 사건[11]

사건 요약

2004년 9월 1일 9시. 러시아의 북오세티야 공화국(러시아의 북코카서스 지역 자치 공화국) 베슬란(Beslan)에 위치한 학교에서 발생한 인질 테러 사건이다. 이날은 개학 날로, 학부모와 학생을 포함해 약 1,200여 명이 학교에 모여 있었는데, 군복을 입고 검은 복면을 쓴 체첸 반군 32명이 학교를 점거했다.

인질극을 주도한 이들은 리야두스 살린킨(RAS, Riyadus-Slikhin)이라는 단체로, 체첸 분리주의자들의 지도자인 샤밀 바사예프(Shamil Basayev)의 지시를 따랐다. 3일간의 교착 상태가 지속되자 러시아연방보안국(FSB) 병력이 건물을 기습했고, 입구를 만들기 위해 체육관에 몇 차례 탱크로 포격을 가했다. 무너진 벽 사이로 인질들이 도망쳐 나

---

11 이종화, "국제 인질 테러 현황", 〈한국위기관리논집〉 8권 4호, 2012. 8. 30.

오자 체첸 반군과 러시아 특수부대의 총격전이 시작되었다. 결국 어린아이 186명을 포함해 334명의 인질이 죽었고, 수백 명이 다치거나 실종되었다. 러시아 특수부대도 21명이 목숨을 잃었다.

사건 들여다보기

2002년 모스크바 극장 인질 테러 사건 당시 러시아 정부의 미숙한 구출 작전으로 129명의 인질이 목숨을 잃었다. 이러한 참사에도 불구하고 러시아 정부가 정치적으로 흔들리지 않자 인질범들은 어린이를 포함한 인질 테러만이 정부와의 협상을 가능하게 할 것이라고 판단한 듯하다.

그들은 학교 내부에 인질들을 억류한 채 다량의 폭탄과 부비트랩을 설치하고, 가스 살포에 대비해 마스크를 착용한 채 건물의 창문을 부수는 등 정부의 구출 작전이 거의 불가능할 정도로 철저하게 사전 준비하에 테러를 일으켰다. 인질범들은 러시아 정부가 자신들의 요구를 수용한다면 그것은 곧 우리의 승리이며, 구출 작전을 통해 다수의 희생자가 발생하더라도 그 역시 러시아 정부의 실패로 인식되므로 아무것도 잃을 것이 없는 게임이라고 여겼다.

인질 테러의 목적은 광범위한 언론의 조명에 있다. 테러범들은 협상 과정에서 계속해서 죽음에 대한 두려움이 없음을 내보이는데, 이로써 상대방에게 테러에 대한 강력한 의지를 인식시키고, RAS의 선명성을 전 세계에 부각시키려고 했다. 또 인질 테러와 동시에 자살 폭탄 테러를 계획한 것은 대중매체의 주요 관심사가 되고, 체첸 문제를 세계에 알릴 수 있는 좋은 기회가 되기 때문이다. 더욱이 여성 테러범이 자살 폭탄을 착용하고 있는 이미지는 체첸의 열악한 상황이 여성까지도 이런 극단적인 선택을 하게 만들었다는 인상을 보여주는 계기가 될 수 있다.

협상 전문가의 '사건을 바라보는 눈'

Q. 이 사건에서 협상의 어려움은 무엇이었을까?

① 고도로 훈련되고 냉철한 인질 테러범

러시아 정부의 구출 작전에 대비해 곳곳에 폭탄과 부비트랩을 설치하고, 24시간 교대로 구역을 분담해 인질을 감시하고, 건물 옥상에 외부 침입을 관찰하는 저격수를 배치하는 등의 행위는 훈련된 테러범만이 할 수 있다.

또한 사건 초기에 건장한 성인 남자를 어린아이, 여자와 분리해 별도의 장소에 억류하는 것은 구출 작전을 어렵게 만들고, 최악의 경우 주저 없이 살해할 수 있음을 의미한다. 다수의 테러범은 협상관과의 개인적인 라포르 형성이 어렵고, 설령 라포르가 형성되어도 테러범의 협상 대표를 교체해 이를 쉽게 소멸시킬 수 있다. 따라서 위기 협상 이론을 사전에 알고 있는 테러범들은 자신들의 협상 대표에게도 최고 결정권자가 아닌 협상 전문이라는 임무를 부여해 어떠한 합의도 거절될 수 있다는 여지를 남겨둔다.

② 시간이 지나도 변하지 않은 테러범의 요구
앞서 모스크바 극장 인질 테러 사건에서도 언급했듯이 일반적인 위기 협상은 시간 경과에 따라 인질범이 배고픔, 추위, 갈증 등 본능적인 욕구를 느끼며 자신들의 요구 사항을 변경하거나 수위를 낮추어 협상을 가능하게 한다.

하지만 시간이 경과해도 요구 사항의 변화를 보이지 않으면 협상으로 사태를 해결할 가능성은 낮아진다. 특히 외부의 테러 단체 지도자에게 통신으로 지침까지 받고 있다면 테러범들이 자의적으로 요구 사항을 변경하기란 쉽지 않다.

만약 사건 초기에 요구 사항이 대중매체를 통해 외부에 공개되었다면 요구 사항의 변경이나 수위 조절은 자신들의 약점을 드러낸다고 생각해 변경이 더 어렵다.

③ 논란이 된 테러범의 마약 복용
인질 상황에서 테러범이 마약을 복용했다면 이들의 행동은 예측 불가능하고, 결국 협상이 거의 이루어지지 않는다. 베슬란 학교 인질 테러 사건 이후에 검시를 통한 수사

보고서에 따르면, 31명의 테러범 중 21명의 사체에서 마약이 검출되었다고 한다.[12] 이러한 테러범들의 마약 복용에 대한 정부의 발표에 인질과 희생자 가족은 부정적으로 반응했다.[13]

④ 테러범들의 순교에 대한 강력한 의지 표현
인질 테러 과정에서 테러범이 반복적으로 순교에 대한 의지를 밝히고 죽음을 불사하겠다고 과시한다면 협상 여지는 축소된다. 일반적인 위기 협상에서는 인질범의 생존 욕구를 자극해 스스로 투항하도록 유도할 수 있지만, 자살 테러는 생존 욕구를 자극할 수 없으며, 다수의 테러범이 있을 경우 동지 의식이 생존 의지를 드러낼 수 없게 만든다.

Q. 초기의 인질 사살이 초래한 결과는?

사전에 계획된 인질 테러의 경우에는 여러 가지 요인에 의해 협상에 상당한 시간과 노력이 소요될 수밖에 없다. 협상 과정에서 발생할 수 있는 변수에 대해 테러범들이 정신적, 물리적으로 대비하고 있다면 정부 입장에서는 어

---

12 Nick Paton Walsh, "Mystery still shrouds Beslan six months on: Theories and rumours fuel relatives ' doubt and anger", ⟨The Guradian⟩, 2005. 2. 16.

13 MosNews, "New Drugs used by Beslan Terrorists Puzzle Russian Experts", 2004. 10. 19.

려움이 따른다. 게다가 이 사건은 인질 상황 초기에 인질이 사살되었다. 테러범에 의해 선별된 남자들이 사살되었는데, 인질 사살은 모든 대응 정책이 구출 작전으로 바뀌는 요인이 될 수 있다. 정부는 구출 작전을 감행하더라도 인질 살해를 방패 삼아 작전 실패에 대한 비난에서 자유로워질 수 있기 때문에 협상보다는 무력 작전을 선호할 수밖에 없다.

Q. 그럼에도 협상이 가능했던 이유는?

인질 상황 첫날, 테러범은 전등이 꺼지거나 통신이 끊기면 20명의 인질을 살해하겠다고 위협했다. 그러나 테러범의 휴대폰이 가끔 되지 않고, 전등이 꺼지는 사고가 발생했음에도 인질을 살해하지는 않았다. 또한 둘째 날 테러범과 협상한 아우세프와 함께 아이와 엄마를 석방한 것은 이후 협상 과정에도 인질 석방을 요구할 수 있는 좋은 구실이 되었다.

Q. 협상 과정에서 노출된 문제점은 없었는가?

① 협상을 총괄하는 컨트롤의 부재
당시 푸틴 대통령은 체첸에 강경하고 단호하게 맞서는 인물이었다. 따라서 러시아에서는 정치적으로도 체첸 테러범의 요구를 수용할 수 없었고, 기피 인물인 아슬란 마스

카도프(Aslan Maskhadov)[14]가 테러범의 요구로 협상에 참여하는 상황이 달갑지 않았다. 협상 현장에서는 정치적 요구 사항에 대한 협상은 제외하고 인질의 건강을 고려한 협상에만 집중하게 되어 협상이 두 방향으로 전개되면서 혼란을 일으켰다.

② 테러범의 요구에 대한 정부의 경직된 반응
러시아 정부는 테러범의 명시적 요구, 즉 '종전'과 '체첸에서의 러시아군 철수'에 대해 물리적인 한계를 이유로 들며 정치적 입장을 고수했다. 협상을 진행하면서 체첸에서의 평화, 일부 군의 철수, 대량 살상 무기의 사용 금지 등 테러범의 실질적 요구를 반영할 수 있는 차선책을 논의하지 못했고, 협상 역시 전혀 진전이 없었다.

③ 신뢰의 결여
일반적인 'FBI 위기 협상 가이드라인'에서 협상관은 거짓말을 하지 말아야 한다고 명시한다. 이는 인질범과 협상관과의 관계에 신뢰가 형성되지 않으면 협상 자체가 불가능하기 때문이다.
그러나 과거 러시아 정부의 체첸 관련 테러 사건에서 정부의 공식 발표와 실제 행동은 달랐고, 테러범은 러시아

---

14 체첸 분리주의 정부의 대통령이다. 제1차 체첸 전쟁의 승리를 지휘했고, 1997년에 체첸 자치공화국 대통령으로 선출되어 체첸에서 광범위한 지지를 받았다. 러시아 정부는 체첸의 안정을 위해서 그를 기피 인물로 간주하고 있다.

정부의 성명, 협상, 약속에 대한 기본적인 신뢰도 쌓을 수 없었다. 그만큼 러시아 정부는 협상에 대한 지식이나 전문성이 결여되어 있었다.

Q. 뉴테러리즘 인질 테러 사건에서의 대책은?

러시아에서 발생한 인질 테러는 모두 비극적인 참사로 상황이 종료되었다. 그러나 모스크바 극장 인질 테러 사건과 바슬란 학교 인질 테러 사건을 통해 분석된 자료가 반영된다면 뉴테러리즘에 의한 인질 테러가 발생했을 때 상황을 긍정적으로 해결할 수 있을 것이다. 두 사례에 드러난 문제점을 중심으로 대책을 제시해보고자 한다.

① 지휘 본부의 중요성

러시아에서 대규모 희생자를 발생시킨 두 인질 테러 사건을 분석해보면, 상황을 총괄하는 지휘 본부가 설치되지 못했거나 제 역할을 다하지 못했고, 음성적인 기관 간의 권력 관계에만 집중한 채 대응하면서 비극적인 결과를 낳았다.

베슬란 학교 인질 테러 사건의 경우에도 현지 경찰의 지휘 본부와 러시아연방보안국의 지휘 본부가 별개로 존재했다. 대외적으로 2개의 컨트롤타워가 있다 보니 정책과 언론 대응에 실수가 이어졌다. 특히 인질 숫자의 축소 보도는 치명적인 실책으로, 총괄 지휘 본부의 부재를 여실히 드러냈다.

② 테러범과 현장 지휘 본부를 연결하는 통신수단

테러범과 지휘 본부를 연결하는 통신수단의 설치는 협상 과정에서 발생할 수 있는 서로 간의 오해를 줄이고, 긴급 상황이 발생했을 때 진의를 확인할 수 있어서 비극적인 결과를 막는 데 도움을 준다. 따라서 통신수단이 있으면 테러범과 지휘 본부와의 라포르 형성도 쉬우며, 지휘 본부도 정치적 고려나 기관 간의 권력 싸움에서 벗어나 협상에 관한 실질적인 권한을 자연스럽게 가질 수 있다.

③ 일반적인 위기 협상과는 다른 유연한 정책 고려

뉴테러리즘에 의한 인질 테러는 통상 대규모 인질과 정치적 요구가 등장한다. 특히 테러범의 명시적 요구에 대해 정치적 입지가 지나치게 고려되어 경직된 자세를 유지하면 테러범의 실질적 요구를 탐색할 수 있는 기회조차 잃어버리게 된다. 따라서 무고한 인질의 생명 보호를 위해 유연한 협상 자세가 필요하다.

④ 전문적인 협상팀의 구성

두 사례는 모두 전문 협상 교육을 받은 협상팀이 위기 협상을 주도하지 않고, 테러범의 요구에 의해 정치인, 언론인이 협상을 주도했다. 이는 협상에 대한 기본적인 지식 부족으로 불필요하게 테러범을 자극할 수 있고, 인질의 생명보다는 정치인 자신의 정치적 입지를 고려한 협상으로 치명적인 손해를 입힐 수 있다. 따라서 대규모 인질 테러라 하더라도 협상의 주도권은 전문 위기 협상팀이 맡고, 정치적인 고려는 팀에 지침을 주는 정도로 조화를 이루어야 효과적인 협상이 이루어질 수 있다.

사건 전개 과정

2004년 9월 1일

9:00 북오세티야 공화국 베슬란 제1학교에 한 무리의 테러범들이 진입한다. 그들은 개학식에 참석한 학생과 학부모 등 약 1,200명을 인질로 잡고 학교를 점거했다. 처음에는 인질들을 각 교실에 분산해 수용하다가 이후 체육관으로 불러 집단 수용하고, 학교 안 곳곳에 127개의 수제 폭탄을 설치한다.

10:00 테러범은 인질들에게 자신들의 계획, 규칙을 알려주는데, 그중 하나가 오직 러시아어만 사용하라는 명령이었다. 인질 중 1명이 테러범의 명령을 오세티야(Ossetia) 언어로 통역해주자, 현장에서 사살한다.

체육관 내부는 7명의 테러범이 24시간 인질들을 감시했고, 출입구 2곳은 자살 폭탄을 착용한 여자 테러범이 인질들의 화장실 출입을 감시했다. 다른 테러범들은 학교 전체에 분산되어 배치되었다. 인질 사태의 최초 대응은 무장한 학부모와 테러범 간의 총격전으로 시작되었다. 하지만 테러범이 테러범 1명이 죽으면 10명의 인질을 살해하겠다고 위협하자 총격전은 중지되었다.

10:30   학교 주변을 경찰과 군인이 포위한다. 근처 제8기술학교에 현장 지휘 본부가 설치되었고, 북오세티야 대통령이 지휘를 한다.

12:00   모스크바에서 온 러시아연방보안국이 현장 지휘를 맡는다. 첫 번째 대화는 지역 연방보안국 협상관 비탈리 잔지오노프(Vitalii Zangionov)가 전화로 의료 지원과 기자와의 인터뷰를 요청했으나 거절당한다. 테러범은 푸틴 대통령의 체첸 문제를 담당하는 특별보좌관 아스란벡 아스라카노프(Aslanbek Aslakhanov)와의 면담을 요구한다. 정부는 인질들의 명단을 작성하고, 공개적으로 120명의 인질이 억류되어 있다고 발표한다.

테러범들은 정부에 잉구시아 대통령과의 면담을 요구하며, 1명의 테러범이 사망하면 50명의 인질을, 부상당하면 20명의 인질을 살해할 것이며, 5명의 테러범이 사망하면 건물 전체를 폭파하고 전등이 1분이라도 꺼지면 10명의 인질을 살해할 것이라고 말한다. 그러고는 인질 중 성

인 남자를 선발해 2층에서 총으로 살해하고, 창
밖으로 시체를 던진다.

16:00 테러범 간에 다툼이 일어나서 자살 폭탄이 폭발
해 5~6명이 사망한다. 인질 상황이 발생하면서
부터 이때까지 총 21명의 사망자가 발생한다.

19:00 소아과 의사인 레오니트 로샬(Leonid Roshal)[15]이
개인적으로 협상관 역할을 자처하며 항공편으
로 베슬란에 도착했으나 테러범은 면담을 거절
한다.

2004년 9월 2일

오전에 테러범 중 1명의 부인을 현장에 불러 테러범에게
어린이를 석방해줄 것을 요청한다. 그런데 방송에서 인질
의 수를 354명으로 발표하자 테러범들은 흥분하기 시작
한다. 인질의 숫자를 축소해 발표한 것은 협상하지 않고
무력으로 구출 작전을 정당화하기 위한 술수라고 판단한
것이다.

12:00 인질 수의 축소 발표는 테러범을 흥분하게 했
고, 이들은 인질들에게 물 공급을 중단한다. 이
때부터 인질들은 음식, 물 부족으로 극도로 악
화된 환경에 내몰린다.

14:00 아우세프는 인질들을 보고 테러범과 면담하면

---

15 2002년 모스크바 극장 인질 테러 사건 당시 협상 인사로 참여했다.

서 살해된 21구의 시체 처리와 어린아이들의 석방을 요구한다. 테러범은 9월 4일 오전까지 체첸에서의 러시아군 철수, 푸틴 대통령의 사임을 요구하며 자신들의 요구가 실현될 때까지 단식 투쟁을 하겠다고 발표하고, 러시아 정부의 반응을 기다린다며 기한을 설정한다. 아우세프가 26명의 인질과 함께 나온다.

체첸 문제를 담당하는 푸틴 대통령의 특별보좌관 아스라카노프가 테러범과의 통화를 통해 베슬란에 갈 예정이라는 사실을 통고하고, 다음 날 오후 3시에 공식 협상을 시작하겠다고 발표한다. 아우세프는 전 체첸 분리주의 정부의 대통령 아슬란 마스카도프의 협상 참여를 제의한다.

2004년 9월 3일

오전에 마스카도프가 협상을 위해 베슬란에 갈 용의가 있다는 메시지를 보낸다.

12:00   오세티아의 대통령실은 마스카도프가 베슬란에 곧 도착할 것이며, 학교에서 테러범과 협상하고, 첫날 사살된 시체도 회수될 것이라고 발표한다.

13:00   시체 회수를 위한 트럭이 도착하자 총성이 들렸다. 이후 2번의 강력한 폭탄이 폭발하면서 체육관 지붕에서 화재가 발생한다. 러시아연방보안국의 구출 작전으로 인질 테러 사건은 종료된다.

현장 대응의 중요성:
필리핀 라이잘 공원 인질 사건[16]

사건 요약

2010년 8월 23일 9시 20분경. 마닐라 지방경찰청의 전직 경찰관 롤란도 멘도사(Rolando Mendoza) 경감이 자신의 복직을 요구하며 필리핀의 수도 마닐라에 위치한 라이잘 공원에서 홍콩 관광객을 포함한 25명이 탑승한 관광 버스에 올라탔다. 그는 M16과 권총을 소지한 채 승객들을 인질로 잡고, 정부와 10시간 협상 중에 8명의 인질을 살해한 후 마닐라 경찰특공대(SWAT)의 저격으로 사살되었다.

사건 들여다보기

이 사건은 무장 인질 사건의 중요한 사례이자 대표적인

---

16 이종화, "사례 분석을 통한 위기 협상 현장 대응의 효과성 증대 방안 연구", 〈경찰학연구〉, 2016. 8.

위기 협상 실패 사례로 기록되어 있다. 협상 과정에서 인질범은 인질들을 석방하고, 인질에게 폭력을 행사하지 않는 등 충분히 협조적인 태도를 보였다. 그러나 필리핀 정부의 인질 상황에 대한 준비 부족, 제3중재인의 잘못된 협상 참여, 구출 작전 훈련과 장비가 부족한 경찰특공대의 작전 개시 등으로 인질범을 자극함으로써 결국 인질들이 목숨을 잃었다. 이러한 협상 실패는 정부에 대한 부정적인 여론을 형성했고, 국가의 위상 추락이라는 심각한 결과를 초래했다.

사실 이 사건은 여러 지표상 위험성이 낮아 협상에 의해 평화적으로 사건이 종결될 수 있었다. 하지만 인질범이 사살되고, 인질 상황에서 필리핀 경찰의 대응력에 국제적 비난이 쏟아졌다. 이로 인해 필리핀과 홍콩의 외교 관계 악화는 물론 필리핀의 주요 산업인 관광업까지 악영향을 미친다.

협상 전문가의 '사건을 바라보는 눈'

Q. 이 사건에서 협상의 어려움은 무엇이었을까?

① 언론 통제의 실패
사건 발생 후 현장 지휘 본부의 경찰과 협상팀 중 어느 누구도 인질범이 라디오 방송국과 직접 인터뷰를 하고 있다는 사실을 알지 못했다. 앵커는 계속해서 인질범에게 다

음 행동을 질문하는 등 감정을 자극하는 인터뷰로 상황을 악화시켰다. 관광 버스에 TV가 설치되어 있는 사실을 인식하고, 버스 하부의 전원 스위치를 조작해서 TV 송출을 막거나 언론에 협조를 요청해 사건 현장에 대한 정보가 노출되지 않도록 통제를 해야 했다.

지휘 본부에서는 방송을 통해 저격수의 위치가 인질범에게 노출되고, 옴부즈맨의 회시 내용을 읽고 흥분하는 인질범의 모습이 보여지는 것을 모르고 있었다.

결정적으로 인질범 동생(현직 경찰관)의 체포 장면이 TV로 생중계되면서 인질범은 인내심을 잃고 인질을 살해했다. 언론 통제의 실패가 인질범의 감정을 강하게 자극하는 계기가 된 셈이다.

② 통제와 포위의 실패

위기 협상의 기본 전제는 인질범을 한 장소에 포위해서 상황을 통제하는 것이다. 하지만 인질 현장에 대한 통제 부족으로 인질범의 동생이 총을 소지한 채 경찰 포위망을 뚫고 버스에 접근하게 하는 실수를 범했다. 또 버스의 모든 통신망을 차단하지 못해서[17] 인질범과 기자가 휴대폰으로 직접 인터뷰를 하게 해 감정을 자극했다.

위기 협상은 인질범에게 공간적으로나 감정적으로 포위

---

17 현장에서 경찰특공대는 휴대폰 전파 차단 장비를 소지하고 있으나, 당시 이 사건에서는 전파 차단 장비가 활용되지 않은 것으로 판단된다.

되었다는 것을 느끼게 해, 결국에는 이러한 현실을 인정하고 항복하게 하는 전략이다. 하지만 이 사건에서는 경찰의 허술한 폴리스라인 통제, 인질범의 버스 안 TV 시청, 언론과의 휴대폰 인터뷰 등 포위라는 심리적 강제가 실현되지 못했다.

③ 제3중재인의 신중하지 못한 협상 참여
제3중재인은 인질범의 감정을 자극하는 경우가 많아 협상에 직접적으로 투입할 때는 신중한 결정이 필요하다. 협상에 참여하더라도 사전에 충분히 협상팀과 의사소통을 하고, 협상 전략에 맞게 행동해야 한다.
하지만 이 사건에서는 전문가가 아닌 시장의 지시로 인질범의 동생을 직접 협상에 참여시켰고, 동생이 자신의 총을 돌려받지 않았다고 인질범에게 말하면서 협상관과의 신뢰를 무너뜨리는 등 협상에 비협조적인 행동으로 상황을 악화시켰다. 인질범의 동생을 제3중재인으로 활용할 것이 아니라 협상관과의 신뢰를 돈독히 하고 유용한 정보를 제공하는 협조자로 활용해야 하지만, 사건 말기에 동생을 체포함으로써 오히려 역효과를 낳았다.

④ 통신수단의 부재
위기 협상에는 위급한 상황에 인질범과 협상관이 항상 통화할 수 있도록 통신수단이 확보되어야 한다. 돌발 상황에서도 서로 통신수단을 활용해 사태가 더 악화되지 않도

록 방지할 수 있기 때문이다. 이러한 이유로 무장 인질 상황에서는 위기 협상에 활용할 수 있는 전용 통신수단인 협상폰[18] 활용이 필수적이다. 휴대폰이 협상에 편리하지만, 결정적인 순간에 상대방이 통화 중이어서 협상 당사자가 통화할 수 없다면 사태가 극단적으로 악화될 수 있기 때문이다. 특히 휴대폰의 전파를 차단한 상태라면 유일한 통신수단으로 협상폰이 활용되어야 하는데, 이 사건의 경우 일반 전화기와 휴대폰으로만 협상을 시도해 중요한 순간에 협상에 장애가 되었다.

휴대폰은 현장에서 배터리 부족, 지하에서의 전파 방해로 인한 통화 장애, 다른 사람과의 통화 중 등의 문제로 실제 위기 협상에서 사용할 소통 도구로는 적합하지 않다.

⑤ 인질범의 요구에 대한 잘못된 이해와 대응

인질범의 요구는 세밀하게 분석하고 의도를 정확하게 파악해서 대응해야 한다. 멘도사는 자신의 복직을 요구하는 청원서를 협상관에게 전달하고, 일관되게 자신의 유일한 목적이 복직이라고 말했다.[19]

그러나 인질범의 요구는 신중하게 다루어지지 않았다. 사

---

18 전파나 고정 전화선의 필요 없이 인질범과 협상팀만 통화가 가능한 경찰 전용 장비이다.

19 인질범 멘도사는 두 차례에 걸쳐 최초 협상관 2명과 접촉할 때 각각의 협상관에게 분명하게 자신의 목적은 '복직 명령서'라고 말했다[사건조사심의위원회(Incident Investigation and Review Committee, IIRC), 2010].

태의 심각성을 인식하지 못한 옴부즈맨에서는 단순히 멘도사의 청원을 재검토하겠다는 수준의 회신을 보내는 실수를 범했다. 위기 협상 과정에서 인질범의 요구로 인한 정부 측의 약속은 법적 구속력이 없으므로 그의 요구를 유연하게 수용하는 태도를 보였다면 결과는 달라졌을지 모른다. 아마도 신뢰 형성에도 긍정적인 영향을 끼쳐 협상도 잘 이루어졌을 것이다. 자신의 복직 결정만이 유일한 해결책이라고 확신하고 있는 인질범의 요구에 담긴 의미를 오해하고 과소평가해 결정적으로 인질범의 감정을 자극한 셈이다.

⑥ 지휘관의 협상에 대한 인식 부족
협상에 대한 지식과 경험이 전혀 없는 시장[20]이 협상에 직접 관여해 협상관에게 공범일 수도 있는 인질범의 동생과 인질범이 대화하도록 지시한 것은 치명적인 실수다.
위기 협상 과정은 인질범과 상호 작용에 의해 시시각각 상황이 역동적으로 변할 수 있다. 이러한 특성을 모른 채 중요한 순간에 현장 지휘관이 식사를 위해서 현장을 이탈하고, 군중 통제나 언론 보도에 대한 중요성도 인식하지 못했다. 또한 현장 지휘관이 인질범의 요구에 대한 수용이 나쁜 선례가 될 수 있다는 근시안적인 사고로 대응하면서 문제를 더 크게 만들었다.

---

20 당시 시장은 전직 고위 간부 경찰관 출신으로, 필리핀 정치계의 거물이었다.

협상관은 쉽게 경험할 수 없는 위기 협상의 특수성과 협상에 대한 지식을 현장 지휘관에게 제공해야 한다. 이 사건은 위기 협상에 대한 지휘관의 지식 부족과 협상관의 임무 소홀이 결과적으로 인질 살해라는 비극적인 결과를 초래했다.

Q. 구출 작전에서 아쉬웠던 점은?

① 장비와 교육의 부재

경찰특공대의 훈련은 특수한 상황에 맞게 이루어져야 하는데, 적절한 교육을 전혀 받지 않은 듯한 행동이 구출 작전 중에 드러났다.

보통 구출 작전은 인질범의 인질 살해를 막기 위해 작전 개시 2~3분 안에 반드시 인질범을 제압해야 한다. 하지만 마닐라 경찰특공대는 인질범의 총격으로 인질 전원이 사망했다고 추정하고, 버스 앞 유리, 버스 비상문, 버스 옆 유리 순으로 돌파를 시도하느라 거의 1시간 이상 구출 작전을 진행했다. 그런데 이들은 버스의 정면 유리창이 강화 유리로 제작되어 파손이 거의 불가능하다는 단순한 사실도 인식하지 못했다. 또한 해머보다는 소형 폭약을 활용해 버스 유리문을 부수고 버스 안으로 진입해야만 신속하게 인질범을 제압할 수 있었다.

하지만 이러한 특수 상황에 맞는 인질 구출 훈련을 받은 적이 없고, 특공대원 개인이 자발적 의지에 의존해 전술을 익히도록 방치했다.[21] 전술적으로 구출 작전 직전까지 현장과 비슷한 상황을 가상해 도상으로라도 각 대원이 주어진 임무에 따른 작전 과정을 반복 연습한 후에 작전을 개시해야 되는데, 작전의 전 과정을 모니터링해보면 사전 연습한 모습이 발견되지 않았고, 치밀한 계획 없이 구출 작전이 개시되었다.[22]

마닐라 경찰특공대의 장비는 배급 과정이 불투명해 3명의 저격수가 모두 각기 다른 개인화기를 사용했으며, 심지어 버스 안을 비출 수 있는 플래시도 소지하고 있지 않았고, 경찰특공대원의 3분의 1은 방탄조끼도 받지 못한 상태로 구출 작전에 투입되었다.[23]

② 장비, 훈련 경험이 부족한 마닐라 경찰특공대에 의한 구출 작전 개시

최초 구출 작전에 투입된 마닐라 지방경찰청 소속의 경찰특공대(SWAT)는 장비와 훈련 경험이 부족하다는 평가를 받고 있어, 대통령과 경찰청장은 현장 지휘관에게 필리핀 경찰특공대(SAF-CRG, Special Action Force Crisis Response Group)를 활용하라고 지시했다. 하지만 현장 지휘관은 마

---

21 IIRC, 2010, pp.49~50.

22 내셔널 지오그래픽(National Geographic) DVD, 2013.

23 IIRC, 2011, p.54.

닐라 경찰특공대를 작전에 투입한다.[24] 마닐라 경찰특공대는 필리핀 경찰특공대와 비교해 훈련 정도, 장비, 실전 경험 면에서 부족함이 있었고, 최초 구출 작전 역시 순조롭게 진행되지 못했다. 결국 구출 작전 후반에 필리핀 경찰특공대가 투입되어 작전 시간이 지체되면서 부정적인 결과를 가져왔다.

만약 인질 상황 초기에 필리핀 경찰특공대를 구출 작전의 주력 부대로 활용했다면 인질 구출이 성공으로 이어지지 않았을까. 그랬다면 적어도 전 세계에 방송으로 경찰의 무능력한 작전 수행 모습이 노출되는 수치는 겪지 않았을 것이다.

③ 인질 상황에 대한 정보 수집력의 부족

협상팀의 협조가 없더라도 인질범과 대치하는 동안 버스 안 인질의 좌석 배치, 인질범의 특성, 무기 등에 대한 정보가 필요하다.

그런데 석방된 인질들을 통해 그러한 정보를 알아낼 수 없었고, 버스 안 상황에 대한 정보가 전혀 없는 상태에서 작전을 개시했다. 이러한 정보 부재로, 탈출한 버스 운전사의 "전부 죽었다"라는 말에 의존해 인질 전원이 살해당했다고 가정하게 되었고, 인질의 생존보다는 인질범의 제압에 중점을 둔 작전이 펼쳐졌다. 결과적으로 경찰은 작

---

24 IIRC, 2010, pp.49~50.

전 중에 부상당한 인질들의 신음을 듣고 일부 생존자가 있음을 인지하는 실수를 범했다.[25] 그로 인해 인질 구출보다는 인질범의 제압으로 구출 작전의 방향이 바뀐 것이다. 심지어 최초 인질이 석방되면서 현장 지휘관과 마주쳤음에도 불구하고 아무도 버스 내부의 인질 상황에 대해 질문하는 경찰관이 없었다는 증언은[26] 정보 수집 노력이 얼마나 허술했는지 보여주며, 이러한 실수가 자연스럽게 구출 작전의 실패로 이어졌다.

④ 지휘관의 현장 부재
중요한 순간에 결정을 해야 할 지휘관이 없다면, 신속히 대응해야 할 경찰특공대나 협상팀 모두 상황을 방관할 수밖에 없다.
이 사건에서 이러한 지휘관의 현장 부재 문제가 여실히 드러났다. 인질범이 동생의 체포 장면을 버스 안 TV를 통해 시청하게 되면서 감정이 폭발했고, 경찰에 인질 살해를 경고하기에 이른다. 인터뷰하던 기자가 현장 지휘본부로 직접 달려가서 인질범의 위협을 알렸으나 중요한 결정을 내려야 할 마닐라 시장과 경찰 지휘관은 본부에 없었다. 그 시각 그들은 현장에서 2.5km 떨어진 '에메랄드'라는 중식당에서 저녁 식사를 하고 있었다.

---

25 내셔널 지오그래픽 DVD, 2013.
26 IIRC, 2010, p.51.

결과적으로 인질범의 흥분 상태를 가라앉힐 신속한 대응이 이루어지지 못했고, 극도로 흥분한 인질범은 인질을 향해 총격을 시작했다. 그럼에도 불구하고 경찰특공대의 구출 작전은 바로 개시되지 못했다. 일분일초를 다투는 긴박한 시간, 중요한 결정을 해야 할 순간에 지휘관의 부재가 결정적인 과오로 이어진 셈이다.

⑤ 현장의 폴리스라인 통제 부실

인질 현장에서는 기자, 군중을 통제하는 폴리스라인과 협상팀과 특공대만이 출입할 수 있는 작전 구역의 2선 통제를 원칙으로 한다.

그런데 이 사건은 인질범이 M16 자동 소총을 소지하고 있으므로 안전을 위해 총탄의 사정권 밖으로 군중을 통제해야 한다는 상식도 지켜지지 않았다. 결과적으로 폴리스라인이 인질 현장과 지나치게 가까웠던 나머지 시민 1명이 인질범의 무차별 총격에 총상을 입는 결과를 초래했다.[27] 폴리스라인의 통제도 허술해 인질범의 동생이 총을 소지하고 버스에 접근할 수 있는 기회를 제공했고, 기자들도 마음만 먹으면 쉽게 버스로 접근할 수 있어서 사태를 악화시키는 요인이 되었다.

---

27 IIRC, 2010, p.53.

사건 전개 과정

9:20경   M16과 권총으로 무장한 인질범 멘도사가 버스
에 올라 홍콩 관광객 21명과 필리핀인 4명을 인
질로 잡고 라이잘 공원으로 이동했다.

9:50경   인질범은 인질들에게 휴대폰을 이용해 인질 상
황을 알리라고 명령했고, 여행사에 인질 상황을
알리는 문자 메시지가 접수된다.

10:00경   경찰에 신고가 접수된다. 마닐라 지방경찰청장
은 10분경 현장에 도착해 위기관리위원회를 조
직하고, 주 협상관으로 예브라(Yebra) 대령을,
보조 협상관으로 살바도르(Salvador)를 임명한
다. 그리고 대통령에게 보고한다.

10:30경   멘도사는 자발적으로 2명의 여성 인질을 석방
한다.

11:00경   인질범과 협상을 시작한다. 멘도사가 인질을 잡
은 목적이 '자신의 경찰 복직'이라고 분명하게
말하자 협상관은 이에 협력하는 대가로 인질 석
방을 요구한다. 멘도사는 3명의 어린이와 1명
의 여성을 석방한다.

12:30경   자신을 비난하는 언론 보도에 화가 난 멘도사는
버스 입구에서 1명의 기자와 1명의 촬영 기자
를 요구한다. 위기 협상팀에서 인터뷰의 대가로
인질의 석방을 요구하자, 추가로 1명의 인질을

석방한다.

12:37경 현장 지휘관은 멘도사의 복직을 결정할 수 있는 연방 기관인 옴부즈맨 건물로 향하는 마닐라 부시장과 통화를 시도한다.

13:00경 현장 지휘관인 마닐라 지방경찰청장과 총책임자인 마닐라 시장이 최초로 대면한다.

13:30경 대통령이 마닐라 시장에게 전화해 필리핀 경찰 특공대를 활용하라고 지시하고, 인질 1인당 1대의 구급차 대기 등 인질의 안전한 구출을 당부한다.

13:40경 멘도사는 '3시까지(3:00 Dead Lock), 지금 언론 인터뷰(Media Now)'라는 글을 써서 버스 앞 유리창에 게시한다.

14:00경 협상관의 요구로 고령의 당뇨병 환자 1명이 석방된다.

14:16경 인질 석방의 대가로 버스에 디젤 연료를 주입해준다.

15:00경 멘도사의 동생이 총을 소지하고 버스에 접근하자, 협상팀이 제지하면서 총을 압수한다. 멘도사는 언론과의 인터뷰를 요청한다.

16:00경 필리핀 여행사 직원을 석방한다.

16:30경 협상관이 버스 외부에서의 인터뷰를 요청했으나 멘도사는 버스 안에서의 인터뷰를 요구한다.

17:10경 마닐라 시장이 처음으로 현장에 도착해 멘도사

의 동생과 면담한다.

17:30경 현장 지휘 본부에 옴부즈맨으로부터 멘도사의 복직을 재고하겠다는 내용의 편지가 도착한다. 현장에 필리핀 경찰특공대를 배치한다.

18:00경 멘도사가 관광객 인솔자를 버스 앞에 수갑으로 결박한다.

18:03경 라디오 방송과 인질범의 전화 인터뷰가 생중계 된다.

18:12경 멘도사는 라디오 인터뷰 중 협상관과 동생으로 부터 옴부즈맨의 재심 편지를 받는다. 그런데 편지 내용이 자신의 기대에 어긋나고, 동생의 총도 처음 약속대로 돌려주지 않은 사실이 드러 나자 감정이 폭발한다.

18:17경 멘도사의 동생은 자신의 총을 돌려주지 않는다 면 경찰이 약속을 지키지 않는 것으로 생각하라 고 형에게 알린다.

18:20경 최초로 협상팀을 향해 경고 총격을 한다.

18:30경 동생을 공범으로 간주하고 체포를 건의한다. 마 닐라 시장은 동생의 체포 및 마닐라 우범 지대 로의 전근을 명령한다.

18:45경 마닐라 시장과 지방경찰청장이 현장 본부에서 2.5km 떨어진 '에메랄드' 중식당으로 저녁 식 사를 하러 출발한다.

19:07경 버스 안의 TV로 경찰 저격수 배치 장면을 목격

한 멘도사가 저격수 철수를 요구한다.

19:15경 멘도사는 TV로 동생의 체포 장면을 목격하고, 동생을 석방하지 않으면 모두 죽이겠다고 위협한다.

19:20경 동생이 체포되어 경찰차에 실리는 장면을 TV를 통해 본 멘도사는 극도로 흥분해 인질을 살해한다.

19:29경 운전사가 "모두 죽었다"라고 외치며 버스 창문으로 탈출을 감행한다.

19:35경 마닐라 경찰특공대는 해머로 버스 앞 유리를 깨려고 시도했지만 실패한다.

20:40경 마닐라 경찰특공대가 버스 안으로 최루탄을 투척한다.

20:41경 경찰의 저격으로 멘도사가 사망한다.

3장	위기 협상 현장이 말하는 것들 : 국내편

CRISIS NEGOTIATIONS

위기 협상의 대표적 참사 사건: 지강헌 인질극

사건 요약

서울 올림픽이 끝난 직후인 1988년 10월 8일, 영등포 교도소에서 공주 교도소로 이송되던 수감자 25명 중 12명이 탈출해 서울 시내로 잠입했다. 대부분은 경찰에 체포되었으나 경찰의 검문을 피해 도망친 4명이 서울 서대문에서 일가족 6명을 인질로 잡고 자신의 억울함을 호소하면서 경찰과 대치했다.

4명의 인질범은 지강헌(35세),[1] 안광술(22세), 강영일(21세),[2] 한의철(20세)로, 이들은 강력범이라기보다는 절도 등

---

[1] 지강헌은 상습 절도범으로 500만 원 절도죄로 '징역 7년'에 '보호감호 10년'을 선고받아 17년을 교도소에 수감되어야 했다. 그런데 당시 전두환 전 대통령의 동생 전경환 씨가 600억 원 횡령죄로 징역 7년을 선고받자 지강헌은 자신이 훔친 돈의 1만 배가 넘는 자의 형량이 너무 가볍다고 생각하고, "유전무죄, 무전유죄"라고 외친다.

[2] 배가 고파서 과일 가게에서 사과를 훔치다 절도 전과를 얻은 강영일은 직장 동료와 어울리다 다른 사람들과의 싸움에 휘말려 폭력 혐의로 입건되었고, 전과자라 가중 처벌을 받았다.

을 저지른 잡범에 가까웠다. 그중 2명은 지강헌이 소지했던 총으로 자살했고, 지강헌은 경찰특공대의 진압 도중 입은 총상으로 사망했다. 지강헌은 "유전무죄, 무전유죄"라는 말을 국민에게 각인시켰다.

사건 들여다보기

지강헌 인질극은 우리나라가 위기 협상에 대한 개념조차 없던 시절, 위기 협상에 대한 경찰의 무지로 인한 대표적인 참사 사건으로 평가된다. 지강헌의 발언과 행동을 분석해보면 인질의 생명을 위협할 의도는 전혀 없었으며, 자신의 억울한 형기에 대한 분노를 표출했을 뿐이었다. 다른 인질범들 역시 자신들이 의도적으로 만든 인질 상황이 아니었기에 안전하게 상황이 종료되기를 원했다. 하지만 경찰은 그들을 극도로 악랄한 흉악범으로 대했고, 속히 상황을 끝내고 싶어 했다. 그 결과, 인질범 3명 사망이라는 비극적인 결말로 사건이 종료되었다. 조금이라도 인질범들의 감정에 초점을 맞춰 공감 대화를 했다면 3명의 인질범도 생존하지 않았을까 하는 합리적 의심을 해본다.[3]

---

3 만약 필자가 위기 협상관으로 이 사건에 출동했다면, "지강헌 씨 많이 억울하다고 생각하고 계시지요. 제가 생각해도 지강헌 씨 입장이라면 그런 생각이 들 것 같습니다. 지강헌 씨, 같이 있는 사람들이 다치길 원하시지는 않지요? 네, 그럴 것 같아요. 현재 아무도 다친 사람이 없고, 지금 같이 있는 분들을 풀어주시고 자수하시면 지강헌 씨가 선처받을 수 있도록 최대한 노력할 테니 나오세요. 생각하시는 것보다 죄가 중하지 않아요"라고 말해주고 싶다.

협상 전문가의 '사건을 바라보는 눈'

Q. 이 사건에서 협상의 어려움은 무엇이었을까?

① 현장의 포위와 통제 실패

인질 상황이 발생한 주택 주위에 경찰관 1천 명이 출동했음에도 불구하고, 기자, 일반 시민의 접근을 통제하지 못했다. 현장의 포위와 통제는 협상을 위한 가장 기본적인 환경 조성임에도 당시는 통제에 대한 개념조차 없었다. 외부의 소음이 인질 현장 내부까지 들리게 되면, 인질범들은 협상에 집중할 수 없고, 외부의 자극에 흥분해 협상에 부정적인 영향을 줄 수 있다.

② 현장 지휘관의 직접적인 협상 참여

위기 협상에서는 현장 지휘관이 협상에 직접 참여하지 말라고 권고한다. 현장 지휘관이 협상도 하고 경찰특공대의 작전도 지시하고, 외부와의 소통도 전담하는 것은 불가능하다. 한 인간의 능력 밖의 일이기 때문이다.

하지만 이 사건에서는 경찰서장이 직접 인질범과 대화를 하고, 수사 본부장인 서울지방검찰청의 3차장이 인질범과 전화로 소통하는 등 무모함을 보인다. 협상에 대한 지식이 없는 지휘관의 협상 참여는 인질범에 의해 농락당할 수 있으며, 협상 전반에 부정적인 영향을 끼친다. 지휘관이 흥분해도 교체가 거의 불가능하기 때문에 사건 해결의 결정적인 실패 요인이 될 수 있다.

③ 제3중재인의 무차별 참여 허용
제3중재인은 인질범의 감정을 자극시킬 수 있어 가능하면 협상에 참여시키지 않는 게 원칙이다. 그런데 인질범의 가족을 전부 현장으로 불러들여서 인질범과의 대화를 시도했다. 가족들에 대한 기본적인 사항도 확인하지 않은 채 현장에 투입하는 실수를 저지른 것이다.
특히 지강헌은 가족과의 대화를 강하게 거부했는데, 아마도 자살을 생각하게 만든 결정적 요인이 된 게 아닐까 하는 강한 의심이 든다. 강영일은 자신의 비참한 모습을 어머니에게 보이고 싶지 않았을 것이고, 다른 인질범들도 같은 감정이었을 것이라 추측된다. 결과적으로 인질범과 인질범 가족과의 대화가 비극적인 결말을 초래한 셈이다.

Q. 협상 과정에서 짚어봐야 할 것은?

① 인질범의 요구에 대한 무시
인질범은 경찰의 철수, 봉고차 준비, 비지스(Bee Gees)의 〈홀리데이(Holiday)〉를 틀어달라고 요구했으나 미흡한 대응이 이어졌다. 경찰의 철수 요구는 인질범의 시야에서만 벗어나게 했고, 〈홀리데이〉는 비지스의 곡이 아닌 스콜피온(Scorpions)의 곡을 틀었다. 봉고차도 제대로 준비하지 않으면서 인질범의 요구를 무시하는 듯한 행동을 보였

다. 경찰은 인질범의 요구에 완벽하게 부응하지 않더라도 적어도 신중히 대처하는 모습을 보여야 하는데도 말이다. 이러한 태도는 결국 경찰에 대한 불신을 일으켜 협상을 어렵게 만든다.

② 인질범의 자살 신호에 대한 무시

지강헌의 발언을 자세히 분석해보면, 봉고차를 요구하기 전에 이미 자살을 생각했던 것으로 보인다. 아마도 그는 자신이 저지른 범죄에다 탈주와 인질 사건으로 더해질 형량이 무기징역 이상일 것이라고 짐작하며 다가올 현실에 두려움과 절망을 느꼈을 것이다. 게다가 출동한 경찰관들과의 대화는 그의 마음을 움직이기에는 역부족이었다. 그들은 인질범들의 감정을 전혀 파악하지 못한 채 "도망갈 생각하지 마라"는 명령, 협박 투의 말만 내뱉었고, 지강헌의 절망감과 상실감은 더욱 증폭되었을 것이다.

인질범들이 협상을 원하고, 안전하게 상황을 종료하고 싶다는 신호를 보내 경찰이 적절하게 대응했다면 모두가 생존 가능한 사건이었다. 인질범들은 인질 상황 초기부터 종료까지 인질들에 대한 어떠한 위협적인 말이나 행동을 하지 않았으며, 가장 약자라고 판단되는 2명을(심장병을 앓고 있는 고 씨 부인과 막내아들) 우선 풀어주며 자신들의 선의를 보여주었다. 인질의 석방은 인질 상황을 안전하게 종료하고 싶다는 가장 극명한 신호임에도 경찰은 이를 무시하고 물리력으로 해결하려고 했다.

이 사건의 인질범 중 유일한 생존자인 강영일은 징역 15년이 구형됐음에도 7년을 선고받았다. 바로 지강헌 일당에게 붙잡혔던 인질이 탄원서를 제출했기 때문이다. 탄원서의 내용은 다음과 같다.

> 상기인은 1988년 10월 15일 탄원인 고○○의 집에 들어와 다음 날인 16일 오후 12시까지 인질극을 벌였습니다. 비록 그가 인질범이며 탈주범이기는 하나 저희 집에 들어와 우리를 인질로 잡고 있으면서도. 그리고 탄원인의 아버지가 신고를 했음에도 불구하고 저희에게 단 한 번의 폭언이나 폭행이 없었던 것으로 보아 분명 심성이 착한 이였음을 알 수 있습니다. 그는 오히려 불안에 떠는 저희를 진정시키며 아버지를 미워하거나 원망하지 말라는 말과 함께 정말로 미안하다는 말을 수시로 했습니다. 물론 그가 지은 죄는 사회적으로 국민들에게 지탄을 받아 마땅하나 저희 집에 들어와 취한 인간적인 면을 생각해 정상 참작해주시면 감사하겠습니다.

사건 전개 과정

1988년 10월 15일

21:40경　지강헌 일당은 서대문 북가좌동의 고○○ 씨의 집에 침입해 고 씨 부인과 자녀 4명을 안방에 가두고 인질로 삼았다.

1988년 10월 16일

4:00경   인질범이 잠들자 고 씨가 탈출해 경찰에 신고했고, 약 1천 명의 경찰관이 4시 40분부터 현장을 포위했다.

4:50   지강헌은 주위의 소음으로 경찰 포위 사실을 알아채고, 탈출 당시 교도관으로부터 탈취한 권총 1발을 발사하면서 "접근하면 인질을 해치겠다"고 협박한다.

5:25   수사 과장과 협상하면서 '경찰 철수'와 '최루탄을 쏘지 말 것'을 요구한다.

6:30   일당 중 한의철의 애인, 강영일의 어머니, 지강헌의 형이 도착해 설득을 시도한다.

        강영일은 "어머니 생각할 시간을 주세요"라고 말했고, 지강헌은 총은 자신에게 있다며 섣부르게 행동하지 말고, 자기 마음대로 하겠다며 대화를 거부했다.

7:00   안광술이 고 씨의 둘째 딸의 목에 칼을 대고 장독대 위로 나와서, "나는 폭력으로 들어갔다가 강도범이 되었다"라고 주장한다. 경찰의 철수를 요구하고, 5분 후 다시 집 안으로 들어갔다.

7:50   수사 본부장인 서울지방검찰청의 3차장이 전화로 자수를 권유하자 "봉고차 1대를 보내달라. 그러면 인질을 두고 조용한 곳에 가서 우리의 운명을 결정하겠다"고 말하고 통화를 종료한다.

10:46	지강헌이 심장이 좋지 않은 고 씨 부인과 막내 아들(11살)을 1차로 석방한다.
11:47	지강헌은 강영일을 내보내서 봉고차가 준비되었나 확인하고, 없으면 혼자라도 순순히 경찰에 붙잡히라고 말한다.
12:02	강영일이 셋째 딸을 붙잡고 15분 동안 마당에서 서성이며 봉고차를 확인하자, 지강헌은 "영일아, 네게 주는 마지막 선물이다. 내 마음을 갖고 가라" 하면서 강영일의 발 밑에 권총 1발을 발사하며 강영일이 집 안으로 들어오지 못하게 한다.
12:05	한의철과 안광술이 지강헌의 권총 발사에 놀라서 "왜 형 맘대로 하느냐, 같이 죽고 같이 살아야 할 것 아니냐" 하면서 지강헌과 몸싸움을 벌이며 권총을 빼앗아 안방으로 들어간다. 그러고는 한의철과 안광술은 인질이 있던 안방에서 머리를 쏴 자살한다. 안방에 있던 둘째와 셋째 딸이 그들의 자살을 목격하고는 놀라서 비명을 지르며 집 밖으로 뛰쳐나온다. 지강헌은 안방으로 들어가 2명이 자살했다고 외치면서 경찰에 요구했던 비지의 〈홀리데이〉가 들어 있는 카세트 테이프를 녹음기에 넣고 볼륨을 크게 높인다.
12:16	의자에 비스듬히 앉아 창가에 발을 올리고 있던 지강헌이 권총을 머리에 대고 발사했으나 실탄이 없자, 왼손으로 유리를 집어 자신의 목을 찌

른다. 고 씨의 큰딸이 그 모습을 목격하고 비명을 지르자 경찰이 진입해 지강헌에게 4발의 총격을 가해 제압했고, 총 14시간의 인질 상황이 종료되었다. 현장에 있던 강영일은 체포되었고, 마지막까지 인질로 있던 큰딸도 무사히 구출되었다.

제3중재인의 무분별한 참가와
언론 통제의 부재:
충주 혜성여자고등학교
인질 사건

사건 요약

2001년 3월 17일 10시 10분경. 충주시 혜성여자고등학교 3층의 3학년 5반 교실에 지○○ 씨(27세)가 침입해 길이 30cm 식칼 2자루를 교탁 위에 꽂으며 "너희들 다 죽었어"라고 말하자 학생들이 놀라 도망쳤다. 그러나 미처 피하지 못한 선생님 1명과 여학생 4명이 인질로 잡혔고, 인질범은 창가 쪽으로 인질들을 몰고 그들의 목에 칼을 들이대며 위협했다.

경찰이 출동하자 인질범은 자신에게 500만 원 사기를 친 범인을 데려오라고 요구하며, 교실의 출입구를 봉쇄해 경찰의 진입을 막고는 인질들을 향해 칼을 휘둘렀다. 이후 인질범의 아버지와 여동생이 협상에 투입되었으나 오히려 인질범의 감정을 고조시키고 말았다. 인질범이 요구하는 사기범에게 연락을 시도했으나 소재 불명으로 연락이 닿지 않았다. 약 6시간 경과 후 인질범을 인질들과 거리를 두게 하고, 섬광탄으로 작전을 개시해 인질을 모두 안전하게 구출했다.

사건 들여다보기

위기 상황에서 협상의 목적은 위기에 빠져 감정적인 위기자가 정상적으로 대처하고 사고할 수 있도록 하는 데 있다. 그렇기에 전문 협상관은 물론이고, 제3중재인을 투입하는 것은 뚜렷한 목적을 지닌다.

그런데 이 사건은 제3중재인의 적절하지 못한 협상 참여가 위기자의 감정을 자극할 뿐이라는 사실을 확인시켜주었다. 영상 자료를 보면, 인질범의 아버지가 화난 감정으로 대화를 시작하자 오히려 인질범의 감정이 고조되고, 결국은 경찰관들이 아버지를 강제로 끌어내야 하는 상황까지 벌어진다. 단순히 인질범의 가족을 불러 대화를 시도하려는 행위는 협상 전반을 위험에 빠트릴 수 있으므로 신중하게 결정해야 한다.

협상 전문가의 '사건을 바라보는 눈'

Q. 이 사건에서 협상의 어려움은 무엇이었을까?

이 사건은 제3중재인의 협상 참여도 문제였지만, 언론 통제가 제대로 이루어지지 않았다. 현장 지휘 본부의 회의 내용과 회의 모습이 TV를 통해 실시간 생중계되었고, 이는 인질범의 감정을 더 자극했다.

이 사건의 경우 MBC 〈PD수첩〉을 통해 위기 협상의 성공 사례로 소개되면서 인질 상황 전체가 방송되기도 했다. 그런데 현장 지휘관, 경찰특공대, 위기 협상팀의 내부 회의 내용이 여과 없이 방영된다면 어떻게 될까? 짐작하건대 현장 경찰관이 보도를 의식해 의사 표시가 위축될 수 있고, 이후 사소한 문제로 여러 가지 분쟁에 휘말릴 수 있다. 그렇기에 협상 현장에서 적절한 언론 통제는 반드시 필요하다.

경찰의 미흡한 대응이 미친 영향: 대전 세 모녀 인질 사건

사건 요약

2001년 8월 1일 6시 30분경. 대전광역시 대덕구 평촌동의 식당에 한 남자[4]가 침입해 여주인과 두 자녀, 그리고 종업원을 인질로 붙잡고 현금을 요구했다. 인질범은 흉기로 인질들을 위협하며 약 1시간 동안 경찰과 대치했다. 이 과정에서 인질범은 자신의 어머니 산소에 가기 위해 차량을 요구했고, 차량이 준비되자 인질(여주인)을 데리고 내려와 탑승하려고 했다. 그 순간 인근에 잠복하고 있던 형사가 각목으로 인질범을 가격했으나 빗맞으면서 오히려 인질범을 흥분시킨다. 그가 휘두른 흉기로 인해 형사 3명이 중경상을 입었고, 여주인이 목숨을 잃었다.

---

4 체포 후 그는 전과 4범으로 드러났으며, 일주일 전 20대 여성을 살해하고 자신의 자취방에 사체를 유기한 사실이 드러났다.

사건 들여다보기

인질범 안 씨는 자신을 배신하고 도망간 애인을 찾으러 가기 위해 돈이 필요해 인질극을 벌였다. 인질 상황에서 가장 중요한 것은 인질의 안전이며, 인질의 안전을 보장하기 위해서는 흥분한 인질범을 진정시켜야만 한다. 그런데 인질범을 진정시키기는커녕 자극한 현장 경찰관의 잘못된 대응이 인명 피해로 이어졌다.

현장 지휘 체계에서도 문제점은 있었다. 현장에 나오지도 않은 경찰서장이 휴가 중인 과장을 대신해 계장에게 현장 지휘를 맡겼고, 현장 경찰관들은 경찰서에 상황을 보고하기에만 급급했다. 게다가 협상에 대한 이해가 전혀 없던 경찰이 인질범에게 "야! 너 찌를 수 있어? 찌를 테면 찔러 봐!"라고 말하기도 했다. 이러한 경찰의 부적절한 발언과 대응이 인질에게 치명적인 결과로 이어질 수 있다는 사실을 시사한 굴욕적인 사건이었다.

협상 전문가의 '사건을 바라보는 눈'

Q. '총기 사용 논란'에 이 사건이 언급되는 이유는?

'총기 사용 논란'에 관한 이야기에서 빠지지 않고 등장하는 사건이 바로 대전 세 모녀 인질 사건이다. 아마도 경찰의 미흡한 대응으로 인해 비극적인 결말로 사건이 종료되면서 하나의 사례가 된 듯하다.

흉악, 강력범이 등장하는 사건에서 총기 사용에 관한 이슈는 늘 있었다. 가령 2001년 8월 13일에 경주에서 일어난 한 사건에서는 강도 피의자가 경찰의 권총을 빼앗아 경찰을 쐈고 결국 경찰이 그 자리에서 목숨을 잃었다. 이 사건에서 만약 경찰이 처음부터 총을 꺼내 피의자를 제압했으면 이 같은 사고는 발생하지 않았을 것이다. 2011년에는 취객이 파출소로 들어와 경찰관에게 흉기를 휘둘러 부상을 입혔는데, 당시 경찰청장은 "위급 상황에서는 총기를 적극적으로 사용하라"고 주문했다. 이 일로 총기 사용에 대한 사회적 논란이 거세지기도 했다.

여기서 중요한 사실은 '총기 남용'과 '잘못된 총기 사용'은 문제가 될 수 있지만, 때에 따라서는 경찰의 판단과 대응이 필요하다는 것이다. 총기를 써서는 안 되는 상황에서 방아쇠를 당겨서는 안 되겠지만, 꼭 필요한 상황에서는 제대로 사용할 필요가 있다.

사건 전개 과정

6:30경 대전의 한 식당에 침입한 인질범 안 씨는 식당 여주인과 식당에 딸린 주거 공간에서 잠을 자던 두 자녀, 종업원을 인질로 잡았다.

9:40경 근처에서 순찰 중이던 경찰관이 현장에 출동해 인질범이 들릴 정도의 큰 소리로 "(총에) 탄을 한

발 넣을까, 두 발 넣을까"라고 말했고, 인질범의 감정을 자극해 상황이 악화된다.

9:50   지원 경찰관들이 현장에 도착한다.

10:00   인질범이 종업원을 석방한다.

10:20   인질범은 충청남도 금산에 있는 어머니 묘소에 갈 수 있도록 오토매틱 자동차를 준비해달라고 요구한다.

10:40   인질범이 요구한 음식물과 음료수 제공한다.

11:10   인질범은 주방용 식칼을 자신의 손에 붕대로 감아 고정시키고, 3명의 인질을 앞세워 밖으로 나온다.

대치 중인 경찰관이 "야! 너 찌를 수 있어? 찌를 거면 찔러봐! 찌르지도 못할 거면서 뭐하냐! 인마!"[5]라고 하는 등 계속해서 인질범을 자극한다. 준비된 차로 이동하는 인질범과 인질들을 보고 형사가 인질을 구출하기 위해 뒤에서 각목과 쇠파이프로 인질범을 가격했으나 실패한다. 그러자 흥분한 인질범이 휘두른 칼에 아이와 아이를 업고 있던 아이의 엄마가 중상을 입는다. 중상을 입은 아이 엄마는 6일 후 사망했다.

---

5   경찰관의 자극적인 발언은 현장 중계팀에 의해 TV로 생중계되었다.

부상자의 여부:
서울 중랑구 인질 사건

사건 요약

2010년 7월 23일 16시경. 인질범은 미리 준비한 칼을 숨기고 음식 배달원으로 위장해 '헤어지자'는 여자 친구의 집에 들어가려 시도한다. 집 안으로 들어간 인질범은 교제를 방해하는 여자 친구의 모친에게 상처를 입히고, 여자 친구를 에어컨 줄로 묶어서 억류했다. 모친은 과다 출혈로 현장에서 사망했고, 여자 친구 아버지의 신고로 경찰이 출동했다.

사건 들여다보기

인질로 잡혀 있는 여자 친구의 진술을 통해 여자 친구의 모친이 사망했다는 사실을 확인했으나, 경찰은 구출 작전보다는 협상을 통해 인질을 구하기로 하고 대화를 시작했다.

여자 친구는 여전히 자신에게 호감이 있었던 인질범을 약 9시간 동안 설득했다. 인질범은 최초의 격앙된 감정에서 점차 벗어났고, 자신이 처한 현실을 직시하게 된다. 그는 바다가 보고 싶다며, 경찰이 1층에서 기다리면 나가겠다고 말했고, 사건 발생 9시간 50분 경과 후인 24일 오전 1시 50분경 여자 친구와 함께 내려와 투항했다.

사건 해결까지의 상황을 종합적으로 판단해보면, 협상에 대한 지식과 경험이 있는 지휘관이 끝까지 인내하면서 대화를 시도해 더 이상의 피해 없이 종결된 사건이다. 특히 1명의 인질이 살해당한 상태였음에도 불구하고, 즉시 구출 작전을 개시하지 않고 생존해 있는 다른 인질의 구출에 집중한 점이 주목된다.

협상 전문가의 '사건을 바라보는 눈'

Q. 협상 과정에서 짚어봐야 할 것은?

협상 초기에 협상관은 인질 상황이 벌어진 내부에 부상자가 있는지를 가장 먼저 확인해야 한다. 부상자가 있다면 인질범에게 부상자의 석방과 치료를 제안하고 협상해야 한다.

통상적으로 인질범은 목적 달성을 위해서라도 인질에게 위해를 잘 가하지 않는다. 그러나 인질 상황 초기에는 상황의 통제와 인질범의 당황과 흥분으로 인해 인질이 목숨을 잃을 수도 있다. 초기 상황이 진정되면 인질에 대한 폭력이나 위협은 감소하므로, 인질의 살상이 언제 발생했는가를 기초로 협상과 작전을 선택해야 한다.

단순히 인질의 살상 여부만 기초로 하여 구출 작전을 결정한다면 불합리한 결정이 될 수 있다. 반대로 인질 상황 초기의 흥분 상태가 어느 정도 지나고 안정화 단계에서 인질의 살상이 이루어졌다면, 이는 구출 작전 개시의 강력한 이유가 된다.

인질 협상이 적용된 최초의 사건: 압구정역 제과점 인질 사건[6]

사건 요약

2014년 3월 1일 21시 30분경. 압구정역 근처 제과점에 50대 남자가 침입해, 제과점 주방에서 식빵 자르는 칼 2자루를 들고 손님으로 온 여성을 위협한 사건이다.

처음에 인질범이 이마에 피를 흘리며 제과점으로 들어오자 제과점 직원은 119에 신고를 했다. 현장에 도착한 119 대원들이 인질범의 상처를 치료하는 사이 인질범이 갑자기 종업원을 억류하려다 실패하고 만다. 그러자 그는 빵을 구매하려던 여성 손님을 칼로 위협하면서 의자에 앉히고 자신의 목에 칼을 댄 채 '경찰이 나를 사살하기를 바란다'는 둥 비정상적인 행동을 보인다.

---

6 개인적으로 현장에 출동한 최초의 인질 사건으로 기억한다. 지휘관과 협상팀의 협상에 대한 이해 정도가 인질의 생명에 절대적인 영향을 미친다는 것을 다시 한번 실감했다. 현장에서 협상을 벌인 서울 강남경찰서 형사 전원에게 감사드리고 싶다. 이 사건이 여러 언론에 보도되자 경찰 지휘부에서도 위기 협상팀의 역할에 대해 인식하기 시작했다.

경찰 수사 과정에서 인질범은 불면증, 정신 분열증, 양극성 장애 등의 진단을 받았으며, 정신병원에 입원했던 사실이 확인되었다. 또한 인질범은 범행 전 제과점에서 약 100~200m 정도 떨어진 미용실에서도 사람들을 불안에 떨게 했던 것으로 밝혀졌다.

사건 들여다보기

이 사건이 인명 피해 없이 마무리될 수 있었던 데는 인질 협상 전문가의 역할이 컸다. 현장 지휘관인 경찰서장과 협상 교육을 받은 경찰관의 공조로 안전하게 인질 사건이 해결된 최초의 사건으로 평가된다. 필자도 현장에서 협상 팀의 자문 역할로 지원을 했다. 정신 질환자에 의한 인질 상황에서 위기 협상에 대한 이해가 있는 현장 지휘관, 위기 협상 교육을 이수한 협상관의 존재가 인명을 보호하는 데 큰 영향력을 발휘한다는 사실이 증명된 사건이다.

인질범이 이마에 피를 흘리게 된 것은 '모친을 죽여라' 하는 환청에 시달리다 벽에 머리를 부딪치면서였다. 처음 출동한 형사들은 인질범의 정신 질환 여부를 알 수 없었기 때문에 그를 신문하듯 상황을 처리하려고 했다. 그러나 시간이 지나면서 협상 전문가의 도움이 필요하다는 현장 지휘관의 결정으로 협상 전문가가 투입되었고, 인질범의 감정에 초점을 맞춰 대화를 시작했다. 그러자 놀랍게도 인질범은 인질을 풀어줬고, 계속 대화를 이어나갔다.

인질 사건이 벌어진 제과점 안으로 강남경찰서 소속 경찰관 4명이 투입되었는데, 이들 경찰관은 위기 협상팀의 자문을 구해가며 끈질기게 설득을 시도했다. 보통 인질 상황이 벌어지면 관할 지역의 경찰이 가장 먼저 출동하게 되어 있다. 이때는 이미 인질범과 최초로 출동한 경찰 간 신뢰 관계가 형성되어 있으므로 협상팀이 굳이 들어가지 않는다. 오히려 새로운 협상팀과 인질범이 신뢰를 쌓으려면 시간과 노력이 필요하고, 돌발 상황이 발생할 수 있어 밖에서 자문해주는 게 효과적이다.

목적이 뚜렷한 인질범이라면 특별한 주장이 있거나 인질을 빌미로 목적을 달성하려 하므로, 일종의 '거래'라 여기고 인질범의 요구 사항에 따라 협상 방향을 결정할 수 있다. 그러나 정신 질환자가 인질범일 경우는 다르다. 특정한 요구가 없고, 불안정한 정신 상태가 어느 정도인지 파악하기 힘들기 때문에 자칫 상황이 더 위험해질 수 있다.

협상 전문가의 '사건을 바라보는 눈'

Q. 정신증적 유형 위기자와의 협상 과정에서 유의해야 할 점은?

이 사건의 현장을 지휘하던 강남경찰서장은 직전 보직인 경찰대학 경찰학과장 시절 위기 협상 전문화 과정[7]을 이

---

7 필자가 운영하는 교육 프로그램으로, 위기 협상 상황에서 필요한 협상 전략 전반을 다룬다.

수한 사람이었다. 그는 인질범과 충분한 대화를 해야 한다며 현장 경찰관들이 조급해하지 않도록 힘을 실어주었다. 당시 인질범이 자신의 목에 칼을 대고 있었던 만큼 위급한 상황이었음에도 침착함과 여유를 잃지 않고 대처한 결과, 아무도 다치지 않고 사건이 해결될 수 있었다.

특히 압구정역 제과점 인질 사건은 정신 질환자를 상대하는 전문 인력의 중요성이 대두된 사건이기도 하다. 인명 피해 없이 사건이 해결될 수 있었던 과정에는 협상 전문가의 역할이 컸다. 당시 경찰대학의 교수였던 필자는 이 사건에 투입되어 현장에서 자문을 수행했다. 정신이상 증세를 보이는 인질범은 "누군가 나를 죽이려 한다"라며 극도의 공포를 호소했다. 나는 먼저 그의 이야기를 차분히 듣고 "많이 힘들었겠다"며 최대한 공감을 표하고 인질범의 심리적 안정을 유도하는 전략을 펼쳤다. 이러한 전략은 적중했고, 사건 발생 약 2시간 50분 만에 인명 피해 없이 상황이 종료되었다.

정신 질환자는 대부분 감정적으로 불안한 상태다. 따라서 무엇보다 그의 감정을 인정해주는 것이 먼저이다. 누군가 자신의 감정을 이해하고 있다는 느낌을 받는 것만으로도 정신 질환자의 마음은 누그러질 수 있다.

사건 전개 과정

2014년 3월 1일

21:30경 서울시 강남구 신사동 압구정역 근처 제과점에 50대 남자가 침입했다. 그는 제과점 주방에서 식빵 자르는 칼 2자루를 들고 손님으로 온 여성을 칼로 위협했다.

2014년 3월 2일

00:13경 위기 협상 교육을 이수한 경찰관과의 협상으로 인질범이 인질을 석방한다. 이후에도 무력으로 인질범을 제압하지 않고 계속해서 협상을 지속했다.

00:18 인질범이 불안한 행동을 보여 경찰관들이 제압했다. 그러나 이미 협상으로 감정이 완화된 상태라 부상자는 발생하지 않았다.

위기 협상팀의 투입:
답십리 자살 시도 사건

사건 요약

2014년 4월 9일 9시경. 서울 답십리 주택가에서 전날 다툼을 벌이다 남자 친구로부터 억류당했던 여성이 탈출해 경찰에 신고를 한다. 경찰이 출동하자 남성은 애인을 위협하던 칼을 자신의 몸에 대고 자살을 하겠다고 하면서 자신의 방에서 경찰과 대치한 사건이다.

사건 들여다보기

자살예방센터에 도움을 요청해 현장에 위기 협상팀이 개입했으나 대화가 진전을 보이지 않았다. 당시 필자는 경찰대학(용인 캠퍼스)에서 점심 식사 도중 동대문경찰서의 지원 요청을 받고 현장에 투입되었다. 현장에 도착했을 때 형사들이 위기자를 설득하고 있었지만, 신뢰 관계가 충분히 형성되어 있지 않았다. 일각에선 위기자 뒤편의 창문으로 제압하자고 제안하는 경찰관도 있었다.

15시 30분경 서울 경찰특공대의 협상관 2명[8]과 필자가 위기 협상팀으로 협상을 시작했다. 2시간 경과 후, 위기자는 투항의 조건으로 애인과의 대화를 요구했다. 원칙적으로 위기 협상에서 제3중재인의 참여는 제한되지만, 투항의 마지막 단계에서 위기자가 자신의 체면을 위해 요구하는 경우가 있다. 당시 경찰서에서 경찰관의 보호를 받고 있던 여자 친구도 대화를 원한다는 긍정적인 답변을 전해와, 통제된 상황에서 투항의 조건으로 여자 친구를 제3중재인으로 활용하기로 했다.

이때 여자 친구의 옆에 경찰관을 배치해 대화를 듣다가 조금이라도 위기자가 감정적으로 대응하면 바로 휴대폰을 회수하고 대화를 끊도록 지시했다. 여자 친구에게도 가급적 짧은 대화와 투항을 권유한 후 대화를 종료하라고 사전에 고지했다. 위기자는 여자 친구가 투항 후에 대화하자고 권유하자, 즉시 칼을 버리고 투항했다.

협상 전문가의 '사건을 바라보는 눈'

Q. 협상 과정에서 짚어봐야 할 것은?

통상적으로 위기 협상에서 제3중재인은 불확실한 참여자

---

8 필자가 운영하는 '위기 협상 교육' 2주 과정을 수료한 경찰관들이다.

이다. 협상에 참여시킨다면 위기자와의 관계 등 사전에 충분한 검토가 필요하다. 그리고 위기 협상의 항복 단계에서 위기자가 체면 유지를 위해 제3중재인과의 접촉을 요구하는 경우가 종종 있다. 이 경우 제3중재인을 활용할 수 있지만 경찰의 통제하에서만 가능하다.

제3중재인 투입의 잘못된 사례: 육군 전방 GOP에서 동료 살해 후 자살 시도 사건

사건 요약

2014년 6월 21일 20시 10분경. 육군 전방 GOP에서 임 병장이 수류탄과 총격으로 동료 5명을 살해, 7명에게 부상을 입히고 소총을 소지하고 탈영했다. 이틀 후인 23일 7시 58분경 소속 부대에서 수킬로미터 떨어진 강원도 고성군 현내면 야산에서 발각되어 군 병력과 대치한다.

협상 전문가의 '사건을 바라보는 눈'

Q. 협상 과정에서 짚어봐야 할 것은?

이 사건은 제3중재인의 투입 결정이 얼마나 중요한가를 보여주었다. 먼저 임 병장을 위기자로 보지 않고, 총기를 소지한 탈영병으로 본 군은 위기 협상에서 추천하지 않는 제3중재인인 아버지와 형을 아무런 사전 확인 없이 협상에 참여시키는 실수를 범했다.

통상적으로 위기자의 감정에 초점을 맞추기 어려운 가족은 제3중재인에서 배제되어야 한다. 결국 자신의 좋지 않은 모습을 가족들에게 보이고 싶지 않았던 임 병장은 자살 시도를 하게 되었다. 제3중재인을 빠르게 투입하기보다는 위기 협상팀이 현장에 출동해 대화했다면 결과는 달라졌을 것이다. 군 내 따돌림과 괴롭힘으로 이러한 사건을 벌인 임 병장의 범행 동기를 고려하면 긍정적인 방향으로 해결되었을 가능성이 커 보인다.

이 사건이 발생하기까지 군에서는 협상에 대한 전문적인 이해와 교육이 없었고, 위기 협상팀도 조직되어 있지 않았다. 현장 지휘관이 관행적 상식으로, 가족인 제3중재인을 아무런 검토 없이 투입하면서 부정적인 결과를 낳은 셈이다.

사건 전개 과정

2014년 6월 21일

20:10경   육군 전방 GOP에서 임 병장이 수류탄과 총으로 동료 5명을 살해, 7명에게 부상을 입힌 후 소총을 소지한 채 탈영한다.

2014년 6월 23일

7:58경   강원도 고성군 현내면 야산에서 임 병장이 발각

	되고, 군과 대치한다.
8:28경	현장 지휘관이 투항을 권고했고, 위기자의 요구로 휴대폰과 전투 식량을 전달했다.
10:25	위기자의 아버지와 형이 도착해 설득했으나 실패한다.
13:30	위기자가 필기구와 메모지를 요구해 전달한다.
14:55	아버지, 형이 설득하는 중에 위기자가 소총으로 옆구리에 자해를 시도해 검거한다.[9]

---

9 필자가 군에 협상팀으로 파견을 요청했으나 실현되지 않았다. 정황상 위기자의 감정에 초점을 두고 협상했다면 항복했을 것이다. 메모지에는 '가족들에게… 정말 미안하고, 나 같은 건 잊고 행복하게 살아. 그리고 모두에게 미안하다. 먼저 유가족분들에게도 사과한다… 그들이 어떤 잘못을 저질렀건 살인을 저지른 건 크나큰 일이지만 누구라도 나와 같은 상황이었다면 사는 게 죽는 것만큼이나 고통스럽고 괴로울 테니까… 나에게도 잘못이 있지만 그들에게도 잘못이 있다. 무심코 던진 돌에 개구리가 죽는다는 말이 있고 어린애들이 장난삼아 개를 괴롭히거나 곤충이나 벌레를 죄의식 없이 죽이는 것처럼 자신이 한 행동이 상대방에게 얼마나 많은 고통을 주는지 그들은 헤아리지 못하였다'라고 써 있었다.

협상과 작전의 조화:
아산 시청 차량 난입 후
자살, 폭파 위협 사건

사건 요약

2014년 8월 20일 13시경. 아산시청 본관 현관문으로 무쏘 차량이 돌진했다. 2층 계단과 충돌한 차량이 멈추자 차 밖으로 운전자가 나와 차량 내부에 20l짜리 2통에 담긴 휘발유를 뿌렸다. 그리고 가정용 부탄가스 2박스를 뒤집어 송곳으로 구멍을 내고, 다른 손에는 라이터를 들고 폭발을 기도했다.

이날 공무원 500여 명이 건물 밖으로 긴급 대피했으며, 위기자는 경찰과 9시간여 대치 끝에 검거되었다. 검거 후 차량을 수색한 결과 차 안에서 제초제의 일종인 농약병이 발견되었다.

사건 들여다보기

아산시청에 난입한 A씨는 2013년 집중호우 때 아산시의 제방 관리 소홀로 자신의 비닐하우스에 침수 피해가 발생하자 시에 8천만 원의 보상금을 요구했다. 그런데 배상액이 150만 원으로 결정되자 적절한 대우를 받지 못했다고 생각해 이 같은 일을 벌인 것이다. A씨는 여러 번 아산시청을 방문해 항의하고 시장과도 면담했으나 '더 이상의 보상금을 지급할 수 없다'는 말에 격분한 나머지 시청으로 돌진하고 만다.

필자는 아산경찰서의 요청으로 경찰대학(용인 캠퍼스)에서 출발해 오후 3시경 현장에 도착해 협상을 시도했다. 그러나 위기자는 대화할 의지가 보이지 않았고, 저항적 행동을 보였다. 알고 보니 위기자는 차량 난입 직전에 농약을 마시고, 오랜 시간 차량 내부에서 휘발유와 부탄가스를 흡입해 의식이 불분명했다. 결정적으로 왼손에 들고 있던 라이터를 떨어트리면 반사적으로 다시 집는 행위도 하지 못했고, 협상관의 말에 아무런 반응도 보이지 않았다. 위기자의 상태를 지켜보았을 때 더 이상 협상을 하는 것은 무의미하다고 판단해 작전을 실행했고, 위기자는 유리창을 깨고 안으로 들어간 경찰에 의해 제압됐다. 경찰특공대는 차량의 창을 부수고 소화기로 인화 물질을 제거했고, 위기자를 차량에서 강제로 나오게 한 후 병원으로 후송했다.

협상은 약 9시간 30분 동안 진행되었다. 필자는 위기자의 불분명한 의식 상태로 대화가 불가능한 상황에서 협상의 어려움, 작전에 대한 불가피성을 가족들에게 설명했다.

작전 후 경찰에 대한 반감을 감소시키고, 가족들의 불안한 마음을 안정시키기 위해서였다.

협상 전문가의 '사건을 바라보는 눈'

Q. 이 사건에서 협상의 어려움은 무엇이었을까?

협상팀을 동원해 A씨와 대화를 시도했지만, 긴 시간 동안의 협상에도 상황은 나아지지 않았다. 위기 협상은 현장에서 위기자와 마주하고 대화를 나눠야 하는 만큼 감수해야 할 위험 수위도 높다.

이 사건에서도 아찔한 상황이 몇 번 있었다. A씨는 자동차에 부탄가스를 가득 실어놓은 데다 휘발유를 주변에 붓고 한 손에 라이터를 들고 있었다. 협상할 때는 고도의 집중력이 필요한데, 지금 이 상황이 얼마나 위험한지 잘 깨닫지 못할 때가 많다. 이때도 A씨와의 대화에 집중하느라 알지 못했는데, 상황이 종료되고 나서야 일촉즉발의 상황이었음을 알게 되었다. 이날 총 3명의 위기 협상 전문가가 있었는데, 지속적으로 설득하면서 A씨를 진정시키고 난 뒤 진압 작전을 전개했다.

사건 전개 과정

13:10   아산시청 안으로 차량이 돌진했다.

14:20 충청남도 경찰청 소속 위기 협상팀이 현장에 도착한다. 이때 위기자는 차량 내부의 문을 잠그고 경음기를 울리고, 부탄가스 2개를 송곳으로 뚫어 흔들면서 가스를 방출시킨다. 다른 한 손으로는 라이터를 들고 폭발을 위협하고 있었다. 휘발유 20l 2개 중 1개는 차량 내부에 뿌려졌고, 나머지는 외부에 뿌려졌다.

14:30 같은 마을 이장을 보자 부탄가스 1개를 송곳으로 더 뚫으면서 위협적인 모습을 보인다. 휘발유가 담긴 작은 생수병은 운전석 오른쪽 환기구의 컵홀더에 놓여 있었다. 어느 누구와도 대화하지 않겠다는 듯 자동차 라디오의 소리를 최고로 높이고, 협상팀의 접근에 손가락으로 욕을 하면서 대화를 거부했다.

14:50 차량 내부에 가스가 가득 찬 상태여서 차량의 창문 개방을 요구했으나, 아무 말 없이 송곳으로 부탄가스 1개를 더 뚫고 가스를 방출시킨다.

15:28 대전경찰특공대가 도착했다.

16:27 계속된 대화 시도에 위기자는 주먹으로 차량 문을 세게 치면서 접근을 거부했고, 라이터로 폭발 위협을 가한다. 협상팀은 의료진에게 위기자의 부탄가스 흡입이 사망에 이르게 하지는 않을지 자문했고, 의식을 잃을 수 있다는 사실을 알게 되었다.

16:34	경찰대학 이종화 교수가 도착했다.
16:40	위기 협상팀의 회의를 통해 주 협상관 이종화와 보조 협상관 이강용이 계속해서 협상을 시도한다.
18:08	위기자의 누나가 현장에 도착했다.
18:10	위기자에게 아산시청과의 발전된 보상 안에 대한 얘기를 해주며 대화하자 조금씩 반응을 보이기 시작한다. 위기자는 구토 증세를 보였는데, 구토하면서 가끔 의식을 잃은 듯한 모습을 보이기도 했다. 하지만 라이터나 송곳이 손에서 떨어지면 바로 다시 주웠다. 대화에도 조금이나마 반응을 보여 협상팀은 계속 협상을 시도했다.
21:58	손에 들고 있던 라이터가 떨어졌으나 위기자가 다시 주우려는 행동을 보이지 않았다. 점차 눈의 초점이 흐려지기 시작했고, 협상팀은 더 이상의 대화가 불가능하다고 판단했다. 작전 실행에 대해 현장 지휘관과 위기 협상팀, 경찰특공대 모두 같은 의견으로 작전을 시작하기로 결정했다. 주 협상관이 위기자의 누나에게 작전의 불가피성을 설명했다.
22:20	차량 유리를 부순 후 화재와 폭발을 방지하기 위해 소화기를 분사했다. 그러고는 위기자를 차에서 끌어내려 바로 병원 응급실로 보냈다. 병원 후송 뒤에 과학수사팀이 차량 뒷좌석에서 제초

제인 '바스타' 농약[10]을 발견했는데, 총 5000ml 중 340ml가 부족한 것을 알고 바로 병원 응급실에 연락해 위가자의 위 세척을 요청했다.

---

10 협상 초기에는 농약의 존재를 알지 못했다. 차량이 시청사 안에 돌진한 이후 화재 방지를 위해 전기를 차단해 정전 상태였고, 1층 중간 지역은 햇빛도 들지 않아서 어두웠다. 게다가 차량 창문에 선팅이 짙게 되어 있어서 내부가 전혀 보이지 않았다.

사이코패스 인질범을 대하는 법:
안산 인질 살인 사건

사건 요약

2015년 1월 12일 16시경. 김상훈은 별거 중인 아내가 만나주지 않는다며 아내의 전남편의 집에 침입했다. 그는 집에 있던 아내의 딸 2명과 전남편의 동거녀를 인질로 억류하고, 그날 밤 집에 들어온 전남편을 칼로 살해했다.

사건 현장에 도착한 아내가 인질범에게 전화로 인질극을 중단해달라고 호소했지만 인질범은 아내를 집 안으로 들여보낼 것을 요구했다. 인질범은 5시간여 동안 경찰과 대치를 이어가다가, 창문을 깨고 집 안으로 진입한 경찰특공대에 의해 제압되었다.

사건 들여다보기

사건이 발생하고 안산상록경찰서는 협상 담당 형사와 경찰관 등 10여 명을 현장에 급파했다. 경기지방경찰청에서도 소속 위기 협상팀을 현장에 보냈다. 경찰은 13일 오전 10시 15분쯤 김상훈과 통화하며 협상을 시작했다.

당시 필자는 경찰대학(용인 캠퍼스)에서 강의 중에 경기지방경찰청 협상팀장의 전화를 받고 급히 현장으로 이동했다. 11시 55분경 도착해 그때부터 위기 협상팀을 지원했다. 경기지방경찰청 위기 협상팀이 경찰서 형사를 주 협상관으로 하여 인질범과 대화를 하고 있었다. 경기지방경찰청 위기 협상팀은 평소에도 자체 교육과 관내 경찰서 순회교육으로 위기 상황에 대한 준비가 철저한 편이었다. 현장에 상황판을 비치해 정보를 공유했고, 이미 인질범과 라포르가 형성된 현장 경찰관을 교체하지 않고, 협상팀이 지원하는 유연성을 발휘하면서 잘 대응하고 있었다.

협상 중 김상훈은 자수할 테니 경찰이 들어오지 말 것을 수차례 말했다. 그래서 순조로운 협상이 이루어질 것이라 기대했다. 하지만 김상훈은 자수를 위해서 접근한 경찰관의 투항 요구에 침묵으로 일관하며 전혀 반응하지 않았고,[11] 결국 구출 작전을 개시했다.

김상훈은 인질을 해하지 않고 빌라 현관에서 경찰의 요구에 따라 순순히 투항했고, 2명의 인질은 무사히 구출되었다.

---

11 처음부터 김상훈은 경찰과의 대화에 적극적으로 응하고, 즉각 반응했다. 자수하겠다고 하면서 침묵이 지속되자 협상팀은 내부에 예기치 못한 상황이 발생한 것으로 추측할 수밖에 없었다.

협상 전문가의 '사건을 바라보는 눈'

Q. 협상 과정에서 짚어봐야 할 것은?

이와 같은 인질 사건을 통해 우리는 위기 협상팀의 역할을 짚어볼 필요가 있다. 첫째, 준비된 위기 협상팀만이 인질 상황의 평화로운 종료를 이끌어낼 수 있다. 둘째, 위기 협상관은 돌발 상황에 대한 임기응변 능력이 필요하다. 셋째, 통제된 상황에서 제3중재인의 활용이 가능하다. 넷째, 인질의 생존 욕구는 스톡홀름 신드롬을 유발시켜 자신의 생명 보존에 긍정적으로 작용한다.[12] 다섯째, 적절한 언론 대응은 경찰의 노력을 제대로 인정받게 할 수 있다.[13]

필자는 어떤 사건이든 상황이 종료되면 시간의 구애 없이 위기 협상팀과 현장에서 바로 상황에 대한 각자의 관점과 의견을 주고받는 시간을 갖곤 하는데, 상황을 올바르게 인식하는 데 큰 도움이 된다.

---

12 인질인 큰딸은 협상 중에 인질범의 편에서 자신의 엄마뿐 아니라 경찰관까지 비난했다. 스톡홀름 신드롬을 보여주는 현명한 대처를 한 것이다.

13 사건 종결 직후 위기 협상팀과의 디브리핑을 가지면서 서로의 노력과 공헌을 격려하며 상황을 마무리한다. 하지만 다음 날 언론에 경찰의 대응이 부적절했다는 비상식적인 기사가 게재될 예정이라는 말을 위기 협상팀으로부터 전해 들었다. 그래서 다음 날 새벽부터 저녁까지 필자는 총 7개의 TV 방송과 2개의 라디오 프로그램에 위기 협상복을 입고 출연해, 협상 과정과 위기 협상팀의 노력과 공헌에 대해 상세히 말하며 적극적으로 대응했다. 위기 협상을 잘 모르는 일부 TV 출연자의 비난에 전문적인 지식과 경험으로 대응하자 점차 여론이 긍정적으로 변화했다.

Q. 제3중재인(인질범의 아내)의 협상 참여는 옳았을까?

김상훈은 아내와의 통화를 강력히 요구했으나, 위기 협상팀은 가능하면 경찰에 의한 협상을 계속하려고 했다. 그러나 대화를 거부한 아내에 대한 부정적인 감정으로 김상훈은 인질을 압박했다. 인질로 잡혀 있던 큰딸은 "(김상훈이) 목에 칼을 대고 있고, 경찰이 들어오면 나도 죽인다고 했어. 제발 경찰은 들어오지 말라고 해. 엄마, 나는 살고 싶어"라고 말했고, 경찰이 아내와의 대화를 조금이라도 지체시키면 "엄마 바꿔주세요!"라고 비명을 질렀다. 큰딸을 보호하려는 조치로 아내를 제3중재인으로 참여시킬 수밖에 없었다.

나중에 안 사실은 김상훈은 딸을 다리 사이에 끼고 앉아서 칼을 인질의 목에 대고 아내와의 대화가 잘 안 될 때마다 손에 힘을 주어 목을 눌렀다고 한다. 그래서 인질인 딸은 비명을 지를 수밖에 없었다. 제3중재인의 참여는 원칙에서 벗어나지만, 인질을 희생시키면서까지 지킬 필요는 없다고 판단했다.

사건 전개 과정

2015년 1월 12일

16:00   김상훈은 아내의 전남편 집에 침입해 여자 3명을 인질로 억류한다.

22:10 아내의 전남편이 귀가하자 부엌칼로 살해하고, 화장실에 시체를 유기한다.

2015년 1월 13일

9:32~9:52 김상훈은 인질이던 아내의 둘째 딸의 목 부위를 칼로 찌르고 질식시켜 살해한다.

9:33 "아이들을 잡고 있다", "신고하면 아이들을 죽이겠다고 한다"며 부인의 신고가 112에 접수된다.

9:42 현장에 안산상록경찰서 형사팀이 도착한다.

10:15 안산상록경찰서 협상팀이 인질범과 협상을 시작한다.

10:30 경기지방경찰청 위기 협상팀이 현장에 도착한다. 안산상록경찰서 협상팀이 이미 인질범과 신뢰 관계를 맺었기 때문에 계속 협상을 주도하고, 경기경찰청 협상팀이 지원하기로 한다.

11:34 서울 경찰특공대가 도착한다.

11:55 경찰대학의 이종화 교수가 도착한다. 이미 인질범 김상훈과 아내가 대화를 하고 있었지만 협상팀과 대화하도록 유도한다. 그러자 김상훈은 인질인 큰딸을 압박했고, 큰딸이 생명의 위협을 받고 있다고 해 아내가 계속해서 대화를 하고 협상팀이 지원한다.

김상훈은 이미 2명을 살해했다고 말했고, 영상 통화로 확인시켜주었다.

14:20 김상훈이 자수 의사를 밝히고, 처음부터 대화했던 경찰관 1명의 집 안 출입을 허용한다.

14:24 경찰관이 접근했지만 김상훈은 문을 열어주지 않고 휴대폰도 받지 않는다. 추가 피해자의 발생을 막기 위해 특공대가 작전을 개시한다. 김상훈은 거실에 앉아 경찰에 순순히 항복했다.

1인 협상의 위험성:
인천 요양병원 인질 사건

사건 요약

2015년 12월 9일 10시경. 인천시 남동구의 한 요양병원에서 치료를 받던 허 씨가 같은 병실의 환자를 칼로 위협하기 시작했다. 허 씨는 병실 안에 있는 옷장 2개와 냉장고를 병실 입구에 세워놓고 외부인의 접근을 막았다. 그러고는 인질로 붙잡은 환자를 의자에 앉히고 라이터용 기름을 자신과 인질의 몸에 뿌리며 흉기를 휘둘렀다.

허 씨는 검거 직후 경찰에게 "수간호사에게 아프다고 말했는데 진통제만 가져다주고 제대로 조치하지 않았다"며 인질극을 벌인 이유를 설명했다. 그런데 인질범이 말한 인질극을 일으킨 동기나 언론과의 인터뷰 내용 등에서 다소 이상한 점이 보였는데, 검거 후 필로폰 검사에서 양성반응이 나타났다.

사건 들여다보기

인질범은 경찰이 출동하자 "내 말을 들어주지 않으면 불을 지르고 자살하겠다"라고 말했다. 경찰은 무엇보다 인질의 안전이 중요하다고 판단했고, 인질범의 흥분을 가라앉히는 데 중점을 두고 대화를 시작했다. 1시간 넘게 대화를 했지만 허 씨의 흥분은 가라앉지 않았고, 경찰은 그가 요구한 취재진과의 인터뷰를 주선했다. 취재진의 안전을 위해 경찰 1명이 동행했는데, 계속해서 불안한 모습을 보이던 인질범이 복도로 나와 취재진 가운데 1명을 인질로 잡으려고 하는 등 흥분을 표출하자 경찰은 더 이상 상황을 두고 보면 안 된다고 판단했다.

병원의 구조상 현장에 출동한 경찰 인력이 모두 접근하기는 어려웠다. 그래서 경찰관 1명이 협상관 역할까지 수행해야 했다. 그렇다 보니 언론과의 인터뷰 요청 등 인질범의 여러 요구 사항에도 그 1명만 동행이 가능했다. 언론과의 인터뷰가 진행되었을 때 기자들의 안전이나 상황 대처에도 부족함이 있었다.

그러나 결과적으로 인질극이 벌어진 지 2시간 반가량이 지났을 때 병원 복도 한쪽에서 대기하고 있던 경찰이 복도에 나왔다가 병실로 들어가는 허 씨를 제압했고, 인질도 무사히 구조되었다.

협상 전문가의 '사건을 바라보는 눈'

Q. 협상팀의 부재가 협상에 미치는 영향은?

현장에서 위기 협상팀이 아니라 1명에 의한 협상은 개인의 능력을 넘어서는 일이다. 협상팀은 전체적인 협상 전략을 결정하는 협상팀장, 인질범과 직접 대화하는 주 협상관, 협상 내용을 기록하고 주 협상관과의 다른 구성원을 연결하는 보조 협상관, 인질범의 성격, 동기, 무기 파악과 친구, 가족과의 면담 등을 주도하는 정보관, 그리고 심리 전문가로 이루어진다. 간혹 주 협상관과 보조 협상관이 교대로 협상을 진행하기도 하지만, 한 사람의 부재는 팀 운영의 어려움을 초래한다.

특히 협상관은 인질범과 협상하고, 협상 전략에 대해 고민하고, 인질범의 요구에 적절한 대응을 해야 한다. 따라서 아무리 능력 있는 협상관이라 할지라도 한 사람이 현장에서 경찰특공대, 지원 경찰관과의 소통 등 모든 역할을 할 수는 없다.

최장의 협상 시간,
그리고 최고의 무기가 된 협상:
합천 엽총 인질 사건

사건 요약

2017년 7월 4일, 경상남도 합천군 황매산터널 부근에서 발생한 엽총 인질 사건이다. 김○○ 씨는 그날 10시경 초등학교에 있던 자신의 아들을 데리고 나와 진양호지구대에서 엽총을 출고했다. 엽총으로 무장한 그는 아들을 인질로 삼고 이혼한 전처와의 화상통화에서 "네가 보는 데서 아들을 죽이겠다"며 협박했다.

인질극을 벌이는 과정에서 경찰관에게 엽총을 발사하고 차량을 탈취해 도주했으며, 황매산터널에서 막히자 20여 시간 경찰과 대치했다. 다행히 아들은 풀어주었지만 그 뒤에도 밤새 경찰과 대치를 이어갔다.

사건 들여다보기

필자는 4일 23시 50분경 현장에 도착해 전체적인 위기 협상 총괄 및 자문 역할을 수행했다. 상황을 파악한 후 인질 협상에서 자살 시도 중재로 위기 협상팀의 전략을 수정하고, 별다른 위험 징후가 없는 한 협상으로 사태를 해결하고자 했다.

김 씨의 경우 아들을 풀어준 뒤에도 차량 운전석에서 엽총을 자신의 목에 겨누고 "가까이 오면 자살하겠다"며 위협했다. 이러한 난동에 특공대와 저격수 등을 배치했고, 200여 명이 넘는 인력이 동원되기도 했다. 김 씨는 협상 중에도 "담배를 달라"고 요구하기도 했으며, 자신의 휴대폰으로 관련 기사를 검색하는 등 언론의 분위기를 파악하기도 했다.

다행히 화물 차량에서 나올 것을 오랜 시간 권유한 협상팀의 설득으로 다음 날 16시경 인질범은 총을 두고 자수했다. 이 사건은 최장의 협상 시간을 기록했지만, 현장 지휘관과 합천경찰서, 산청경찰서 경찰관들의 협력으로 단 한 명의 사상자 없이 종료되었다.

무엇보다 20여시간 동안 국도에서 대기한 경찰관들은 식사, 화장실, 더위, 그리고 휴대폰 방전[14] 등의 사소하지만 중요한 문제와 부딪히면서 상황을 견뎌냈다. 그들이 있었기에 무사히 사건이 마무리될 수 있었다.

14　산 중간의 국도에서 230명 경찰관이 20여시간을 대기해야 하는 상황에서 휴대폰이 전부 방전될 위기에 처하자, 경찰서에 근무 중인 경찰관들이 보유한 보조배터리를 모아서 현장에 공급했다.

협상 전문가의 '사건을 바라보는 눈'

Q. 협상 과정에서 짚어봐야 할 것은?

인질극에서 자신의 가족, 그것도 자녀를 인질로 잡고 협박하는 사건은 아주 전형적이다. 게다가 이 사건은 자칫 인질 상황에서 자살 시도 사건으로 전환될 수 있는 요소가 있었고, 그렇기에 협상 전문가의 입장에서 아무리 시간이 걸리더라도 인질범을 포기할 수 없었다.

아무 사상자 없이 사건이 종료된 점 외에도 이 사건은 시사하는 바가 크다. 첫째, 순찰차를 탈취당하는 등 대형 사건임에도 불구하고 현장을 잘 이끌어준 협상관과 경찰관들의 지지와 노력이 있었기에 상황을 무사히 마무리할 수 있었다. 둘째, 인질 상황의 항복 단계에서 인질범에게 자신이 가장 믿는 사람과의 대화를 허용하고 같이 투항할 수 있게 해줌으로써 체면 유지와 마음의 여유를 갖게 해 순순히 투항하는 평화로운 상황을 만들어주었다. 물론 인질범은 순찰차를 2번이나 탈취하고, 경찰을 향해 총을 발포하는 등 폭력적인 모습을 보인 인물이지만, 인질범이 경찰저지선으로 다가올 때까지 경찰관 2명이 기다렸다가 수갑을 채운 후 미란다 원칙을 고지하고 저지선 안으로 인도하는 모습은 최고의 극적인 장면으로 기억된다. 셋째, 현장에는 협상팀을 포함한 경찰특공대, 경찰관 등 230명의 인력이 있었는데, 현장 관계자들은 경찰저지선 뒤에서 모든 상황을 지켜보던 인질범 가족들을 최대한 배려해주었다. 물리력을 행사해 인질범을 체포할 수 있지만, 경찰관들이 장시간 설득하고 기다려주는 모습에 가족들은 경찰에 대한 믿음을 가지게 되었다.

사실 이러한 인질 사건에서 가장 위험한 상황은 마지막 투항 단계이다. 검거하는 과정에서도 어떤 일이 발생할지 예측할 수 없다. 사건이 잘 마무리되었어도 다음 상황에 대해 위기 협상팀은 고민을 해야 한다.

사건 전개 과정

2017년 7월 4일

9:55   김○○ 씨는 경남 고성군 소재 초등학교에서 수업 중인 아들을 데리고 나간다.

10:23   진주경찰서 진양호지구대에서 엽총을 출고한다.

10:56   인질범의 모친이 아들의 자살 의심을 신고한다.

11:00   전처와 화상통화를 하면서 "네가 보는 데서 아들을 죽이겠다"고 협박한다.

11:09   인질이 된 아들의 초등학교 담임선생님이 경찰에 신고한다.

17:05~18:48 경찰차에 총격을 가하고, 순찰차와 119 구급대 차량을 탈취해 계속 도주한다.

18:48   순찰차로 도주 중에 총으로 위협하고, 화물차를 탈취해 계속 도주한다.

인질범과
대치 상황이
있었던
황매산터널

위기자가
차를 몰아
경찰저지선으로
돌진하는 모습

차량에서
보이는 엽총

19:10 1026번 국도 황매산터널에서 경찰의 사격에 의해 차량이 멈춘다. 이때부터 경찰과 대치한다.

19:14 인질범이 허공에 엽총을 발포한다.

19:31 경남경찰청 위기 협상팀이 현장에 도착해 협상을 시작한다.

19:44 뒤이어 경찰특공대가 도착한다.

22:24 위기 협상팀의 설득으로 아들을 풀어준다. 인질 상황은 끝났으나, 인질범 자살 시도 상황으로 사건이 전환된다.

2017년 7월 5일

1:00경 인질범은 발가락에 방아쇠를 걸고 총구는 가슴을 향하게 한 채로 잠이 든다.

4:32 잠에서 깨어 다시 협상을 시작한다. 인질범은 전처와의 대화를 요구했으나 위기 협상팀이 적절하게 대응하며 시간을 연장한다.
협상 도중 인질범이 협상팀의 발언에 갑자기 화를 내면서 트럭의 방향을 경찰저지선 쪽으로 바꾸어 돌진하려고 하고, 경찰을 향해 엽총을 겨누는 등 위협적인 행동을 보인다. 10분 안에 부인과 대화할 수 있도록 해주지 않으면 죽겠다고 하면서 숫자를 세기도 했으나, 협상팀이 말을 시키면서 무사히 지나갔다.

16:00 김 씨에게 자수를 권유하자 친하게 지내는 총포

사 주인과의 면담을 요구한다. 협상관은 총기를 휴대한 상태에서는 위험하니, 총을 트럭에 두고 15m가량 떨어진 곳에서 경찰관과 함께 만나자고 제안한다. 김 씨는 10분만 생각할 시간을 달라고 하고, 10분 후에 총을 차에 두고 걸어서 15m 전진해 총포사 주인과 만난다. 총포사 주인을 만나자 주저앉으면서 울기 시작한다. 협상팀은 인질범이 충분히 울 수 있도록 시간을 주고는 경찰저지선 5m 앞에 올 때까지 기다렸다가, 경찰관 2명이 나가서 미란다 원칙 고지하고 수갑을 채워 체포한다.

순찰차 창문에
생긴 엽총 탄흔

경남경찰청
위기 협상팀
회의 모습
(오른쪽 끝이 필자)

납치부터 협상까지 : 필리핀 테러 단체의 한국인 납치 사건

사건 요약

2016년 10월 26일, 필리핀 해상에서 테러 단체인 아부 사야프(Abu Sayyaf)[15] 그룹의 한 분파가 한국 화물선 동방자이언트 2호에 침입해 한국인 선장과 필리핀 선원을 납치해 자신들의 근거지인 홀로(Jolo) 섬[16]에 감금한 사건이다. 아부 사야프는 선장의 가족에게 전화해 몸값을 요구했다.

사건 들여다보기

당시 정부는 외교부에 대책 본부를 설치하고 주 필리핀

---

15 폭탄 테러와 외국인 관광객 납치 등으로 미국과 필리핀 정부로부터 지목받고 있는 테러 단체이다. 주로 필리핀 남부에서 활동하며, 중동 지역 이슬람 무장 단체의 지원을 받는 것으로 알려져 있다.

16 홀로 섬은 아부 사야프와 모로민족해방전선이 통제하고 있는 지역으로, 필리핀 정부의 힘이 미치지 않는 곳이다.

대사를 중심으로 현지 대책반을 만드는 등 선장의 구출을 위해 지원에 나섰다.

외교부와 한국 선박 회사의 자문 요청에 응하게 된 필자는 처음에는 납치범들과의 전화 내용을 보고 자문했고, 이후 가족들과 만나고, 관계 부처 및 회사의 회의에 참석하며 자문 역할에 충실히 임했다. 하지만 협상이 급진전되면서, 아부 사야프에게 영향력을 끼칠 수 있는 모로민족해방전선(MNLF, Moro National Liberation Front) 지도자인 누르 미수아리(Nur Misuari)가 필리핀 정부와의 평화 협정을 논의하기 위해 마닐라에 체류 예정이라는 정보를 입수하고, 이들과 만나기 위해 마닐라로 출국했다.

필자는 영어가 가능한 협상 전문가라는 점 때문에 외교부로부터 주 협상관 역할을 요청받고, 선박 회사 사장으로 신분을 위장해 마닐라에서 MNLF 지도자들과 만나기로 했다. 2번의 MNLF 지도자들과의 협상, 필리핀 대통령의 핵심 측근인 자문 비서관과의 면담 등을 통해서 믿을 만한 중재자를 구하게 되었다.

자세한 협상 과정은 여러 가지 이유로 밝힐 수 없지만, 한국인 선장은 납치된 지 87일 만에 무사히 구출되어 귀국할 수 있었다. 납치된 선장의 가족들, 선박 회사 관계자, 외교부, 주 필리핀 대한민국 대사관 등 모두가 적극적으로 협력해 이룬 값진 결과였다.

이후 홀로 섬에 억류되어 있던 캐나다인과 독일인은 참수되는 비극을 맞이했다.

피해 선박인
동방자이언트
2호

협상 전문가의 '사건을 바라보는 눈'

Q. 협상 과정에서 짚어봐야 할 것은?

납치 협상은 위험성이 극대화된 협상으로, 보통 납치범, 인질, 가족, 그리고 관련된 기관 모두가 전체 협상 과정 공개를 극도로 꺼린다. 따라서 대부분 비공개로 진행되어 정확한 발생 건수, 해결 과정, 처벌 및 몸값 지불 액수, 인질 등에 대한 정보가 극히 제한되어 있다. 그래서 보고된 것보다 보고되지 않은 납치 범죄 수가 상당히 많으리라 추측된다. 인간의 생명을 담보로 하고, 워낙 은밀하게 협상 과정이 진행되어 실제 협상 과정의 경험자도 적다.

4장

비극을 막는 위기 협상의 기술

CRISIS NEGOTIATIONS

협상을 방해하는
원인들

세계 최초로 경찰 기관에 인질 협상팀을 운용한 NYPD 인질 협상팀의 구호는 "Talk to Me(저에게 말하세요)"였다. 위기 협상의 기본 원칙은 경찰관의 화려한 대화술이 아니라 위기자와의 의사소통이라는 것을 가장 극명하게 보여주는 구호이다. 하지만 보통 경찰관들은 다음과 같은 3가지 이유로 위기자와의 협상에서 어려움을 느낀다.[1]

첫째는 흑백논리다. 경찰관은 자신이 상대하는 사람 대부분을 범죄자라고 생각한다. 나는 법을 집행하는 선한 경찰관이고, 상대는 법을 어긴 범죄자라는 이분법적 사고로 위기자의 감정보다는 다른 범죄자와 같은 절차를 통해 처리하려 한다. 이러한 태도는 위기자의 감정을 더욱 고립시키고, 부정적 감정을 자극해 대화가 이루어지기 힘들다. 둘째는 감정의 경시다. 경찰관은 자신의 개인적인 감

---

1 Michael McMains, Wayman Mullins, 《Crisis Negotiations: Managing Critical Incidents and Hostage Situations in Law Enforcement and Corrections》, LexisNexis, 2010, p.248.

정을 드러내는 행동이 업무에 지장을 준다고 생각하고, 오로지 사실만을 중시한다. 현재 상황을 오직 범죄와 통제의 방식으로만 이해해, 위기자의 감정은 무시하고 눈앞에서 벌어지는 사실에만 초점을 두고 사고하는 것이다. 더 나아가 범죄 행위와 그에 따른 처벌에 매몰되면, 위기자의 감정을 고려할 여지는 더욱 사라지게 된다. 이러한 감정 경시의 태도는 위기자에게 고립감을 증폭시키고 협상관과의 의사소통에 장애 요인이 된다.

셋째는 조급증이다. 업무 처리의 적정성보다 신속한 사태 해결을 위해서 즉시 대응하고, 속히 종결시키려는 조급한 행태가 장애가 된다. 이러한 현장 경찰관의 조급증은 위기자의 감정을 무시하게 만들고, 시간을 지연시키는 대화보다는 상황을 종료시킬 수 있는 물리력의 행사를 우선시하게 만든다. 국민의 생명 보호가 경찰관 임무 수행의 목적이므로 어떤 방식의 접근 방법이 목적에 부합하는가를 고민해보아야 한다. 대화를 통해서 안전하게 해결할 수 있는 방법이 있다면 먼저 실행하고, 이후 상황에 맞춰 물리력을 행사해야 한다. 단순히 신속히 상황을 종결하려다가 국민의 생명을 위험하게 만든다면 이는 잘못된 것이다.

현장에 출동한 경찰관이 위기 상황에 적절히 대응하지 못하고, 물리력에 의존해서 상황을 종결하려 한다면 위기 상황에 관계된 위기자, 인질, 경찰관, 그리고 근처의 무고한 시민 등 누구라도 피해를 입을 수 있는 개연성이 높아진다. 따라서 경찰은 위기자와의 의사소통을 위해서 상대방의 감정을 이해할 수 있어야 하고,[2] 국민의 생명 보호에 어떻게 접근해야 효과적인지를 고려해야 한다. 또한 위기 협상 교육을 통해 적절하게 위기 상황에 대응할 수 있도록 경찰 교육이 개선되어야 할 것이다.

2   Roger Fisher, Daniel Shapiro, 《Beyond Reason: Using Emotions as You Negotiate》, Viking, 2005, p.11.

위기자와 진심으로
소통하기 위한 '적극적 청취'

위기자와의 의사소통을 위해서는 경찰관의 가치나 생각을 바탕으로 상대방을 판단하기보다는 우선 위기자의 감정을 느끼고, 이해하려는 노력이 필요하다. 이때 '적극적 청취' 기법을 활용하면 위기자와의 의사소통에 많은 도움이 된다.

적극적 청취는 경찰관의 사고나 가치를 상대방에게 강요하지 않고, 상대방의 감정을 그대로 인정해줌으로써 위기자와 경찰관과의 신뢰 관계를 구축하는 의사소통 방법이다. 비즈니스 협상이나 다른 협상 교육에서 내용의 상당 부분은 협상 전략의 습득으로 채워진다. 실제 현장에서 협상을 진전시키고, 발전시키는 것은 대화를 바탕으로 실현된다. 협상 현장에서 고도의 전략을 구체적으로 현실화시켜주는 수단이 대화인 것이다. 더 나아가 아무리 훌륭한 협상 전략을 세웠어도, 대화를 주고받으면서 상대의 감정을 상하게 했다면 모두 무용지물이 되어버린다. 나, 그리고 우리 팀의 생각과 감정을 정확하게 상대방에게 전달하는 방법도 대화를 통해서이다. 그래서 위기 협상의 대부분은 대화로 이루어진다고 할 수 있다.

이처럼 대화의 중요성을 알고 있음에도 우리는 대화를 어떻게 해야 하는지 교육받은 경험이 없다. 인간의 일상생활이 거의 대화로 시작해서 대화로 끝남에도 불구하고 정확히 자신의 생각과 감정을 얘기하는 대화 기법을 배우지 못한 것이다. 말로써 자신의 의사를 표현할 수 있지만, 의사소통에 문제가 생긴다면 대화가 갈등의 원천이 될 수도 있다.

위기 상황에서는 어떨까. 통상적으로 위기 상황에 출동한 경찰관들은 다음과 같이 대화를 시도하며 행동하는데, 오히려 이러한 행동은 위기자와의 단절을 초래한다.

① 빠른 사실 발견

위기자의 감정을 무시한 채 빠른 속도로 신고 여부, 성명, 예/아니오 식의 답변을 유도하는 대화를 진행해 위기자가 자신의 감정을 이야기할 기회를 놓치게 만든다.

② 신속한 문제 해결

위기자의 생명이 위험한 상황에서 주위의 교통 체증, 상급 기관의 관심 등으로 빠르게 상황을 해결하는 데만 중점을 두는 실수를 하게 된다. 신속한 사태 해결에 무게를 두면, 결국 위기자의 감정은 보지 못하고, 평화적인 해결보다는 물리력을 활용한 상황 정리에만 신경을 쓰게 된다.

③ 자신의 궁금증 해결에만 초점을 맞춘 대화

처음부터 위기자를 범죄자나 난동 부리는 정신이상자로
취급하며, 자신이 쓸 보고서의 빈칸을 채우는 식의 궁금
증을 해소하는 방향으로 대화가 흐른다. 그러면 결국 위
기자의 상황, 처지, 감정보다는 자신이 해야 할 과제나 자
신의 가치, 습관 등 직관에 의존해 대화가 진행된다.

감정 주도 대화의 중요성

위기 협상 현장에서는 정보가 모든 것을 해결해주지 않는
다. 만약 당신이 위기 협상 전문가이고, 자살 시도자와 대
화를 해야 하는 상황에 놓여 있다고 가정하자. 그리고 자
살 시도자에 대한 이름, 주소, 재산 정도, 가족 관계 등 신
상 정보를 알고 있다. 이 정보만으로 그와의 신뢰 관계가
형성될 수 있을까?

위기 상황에서는 왜 이런 상황을 만들 수밖에 없었는지
위기자의 감정과 고민을 들으려 해야 한다. 2015년 5월,
서울 이태원에서 일어난 사건이다. 아들이 폭력을 행사하
자 화가 난 아버지가 문을 모두 걸어 잠그고 집 안에 휘발
유를 뿌린 채 출동한 경찰과 대화를 하고 있었다. 그런데
위기자의 감정을 전혀 고려하지 않은 채 대화가 이어졌다.

- "선생님 아실 만한 분이 왜 이러세요!"
- "주말 저녁 시간에 이렇게 많은 경찰관과 소방관이 출

동해서 고생하는 게 안 보이세요!"

- "알았다니까요! 일단 나와서 얘기하자고요!"
- "선생님 사정 다 이해하니까, 일단 나와서 얘기하시자
  고요!"

이후 대화 중인 경찰을 대신해 현장에 투입된 필자가 다
음과 같이 위기자의 감정에 맞춰 대화하자 대화를 시작한
지 5분 만에 위기자는 문을 열었다.

- "선생님 많이 화가 나시죠, 아들이 그러면 안 되는데!"
- "저라도 그런 상황이라면 화가 많이 났을 거예요!"

집 안으로 들어가서 창문을 연 후 안전 초치를 하고, 위기
자와 다시 앉아서 아들과 화해시키는 데 2시간이 더 소요
되었지만, 아무도 다치지 않고 상황을 해결할 수 있었다.
현장 출동자가 당황, 불안 등으로 위기자의 감정이나 입
장, 상황에 초점을 두지 않고 전통적인 방법으로 대화를
시도하면 오히려 신뢰는 무너진다. 그러면 위기자는 압
박감을 느끼며 대화에 응하지 않고, 방어적 자세를 취하
면서 침묵, 변명, 회피 등의 소극적 행동을 보일 것이다.
따라서 위기자의 행동 변화를 원한다면 현장 출동자가 적
극적 청취 기법을 활용해 위기자에게 '당신의 감정과 고
민을 이해하고 있습니다'라는 메시지를 전달해 신뢰 관계
를 형성해야 한다. 엄청난 기술이 숨어 있는 게 아니다.

단지 위기자의 감정에 초점을 맞춘 대화인가 아닌가의 차이다.

'적극적 청취'와 '메시지를 전달하는 대화'

적극적 청취는 상대방의 감정에 초점을 두고 대화하는 기법으로, 상대방과 공감 대화를 가능하게 한다. 여기서 공감이란 다른 사람의 상황, 감정, 동기에 대한 확인 혹은 이해라고 할 수 있는데, 상대방의 현재 감정 상태를 확인하는 것이다. 확인은 상대방의 의견이나 감정에 대한 반대가 아니며, 이해는 상대방의 행동이나 감정에 대해 동의하는 게 아니다. 단순히 상대방의 감정 상태를 확인하고, 이렇게 이해했음을 말해주는 것이다.

따라서 공감은 동정이 아니며, 동정이나 슬픔은 신뢰 관계 형성에 생산적이지 않다. 또 공감하기 위해서 위기자가 느끼는 것을 그대로 느낄 필요도 없으며, 신뢰 관계를 형성하기 위해 다른 면을 동의하거나 좋아할 필요도 없다. '현재 당신의 감정이 이렇지요?', '제가 제대로 이해했나요?'라는 메시지를 전달하는 공감 대화를 하는 것이 중요하다.

이러한 적극적 청취는 위기자의 극단적인 감정을 순화해 정상적 수준으로 회복시켜 합리적인 판단을 할 수 있게 만든다. 위기자의 감정에 초점을 맞추고 대화를 진행하면 위기 협상관과의 신뢰 관계가 쉽게 형성되어 위기자의 입장, 상황, 감정 등에 대한 정보 수집이 가능하다. 이렇게 형성된 신뢰 관계는 위기자가 위기 협상관의 제안에 긍정적인 반응을 보이도록 행동 변화를 유도하는 데 도움이 된다.

하지만 위기 협상관의 충고, 판단, 설득하려는 대화는 적극적 청취가 아니다. 이를테면 "요즘 살기 좋아", "나 때는 말이야", "우울할 때는 여행이 좋아", "파이팅!" 등의 표현으로 자신의 가치관을 위기자에게 투사하거나, 위기자가 제기하지 않은 사안에 대한 주제로 대화를 주도하는 것이다. 적극적 청취는 위기자의 감정, 가치, 인생, 발언에 초점을 두고 대화를 진행해야 한다. 위기 현장 출동자들은 종종 위기자의 감정, 가치에 초점을 맞추지 않고 당황한 나머지 자신의 가치관을 얘기하며 설득하려고 한다. 그러면 위기자는 상대방에게 자신의 복합적인 감정이 인정받지 못했다고 여겨 더 이상 대화를 하고 싶지 않게 된다. 대부분의 위기자가 합리적으로 행동하지 않으면 감정 문제로 인한 것임을 인식하고 그러한 감정이 생긴 원인을 찾아내야 한다.

① 목소리

극단적인 감정 상태에서 위기자는 말의 내용보다 위기 협상관의 목소리, 억양, 태도, 신중성에 더 관심을 갖는다. 말의 내용보다 목소리가 몇 배 이상 중요하며, 대화의 기술보다는 위기 협상관의 태도가 위기자와의 의사소통에 더 핵심 역할을 한다. 물론 적극적 청취 기술도 많지만, 이러한 기술은 위기 협상관의 감정 표현을 도울 뿐이다. 가장 중요한 것은 위기자가 협상관의 목소리, 태도, 신중성만으로도 자신의 감정과 고민을 이해하고 싶다는 의도를 인식할 수 있게 해야 한다.

위기 상황에서 최초 출동자가 단순히 상황을 신속하게 해결해야 할 문제로 인식하고 대화를 시작하는 태도와 어떻게 해서든 위기자에게 도움을 주고 싶은 마음으로 공감 대화를 시도하는 태도는 신뢰 관계를 형성하는 데 상당한 차이를 가져온다.

② 감정 인정

위기 협상관이 인식한 위기자의 감정을 확인하는 기법이다. 예를 들면 "화가 난 것처럼 보이시네요", "고통이 심하시네요", "외로움이 느껴지네요"라고 표현한다. 도움 제공자의 동의, 의견, 충고 등이 아닌 자신이 인식한 감정을 그대로 위기자에게 말하는 것이다. 만약에 위기 협상관이 인식한 감정에 대해 위기자가 부정한다면 "나는 화가 났다고 말한 게 아니라 그렇게 보인다고 했습니다"라고 하면서 갈등을 피해갈 수 있다.

보통 위기자는 여러 가지 복잡한 감정을 갖는데, 위기자 자신이 미처 인식하지 못한 감정을 위기 협상관이 인정해준다면 좀 더 쉽게 신뢰 관계를 형성할 수 있다. 더 나아가 "당신의 목소리에서 분노가 느껴지네요. 그리고 이런 상황이 당신을 많이 화나게 하고 상처를 준 것 같군요"라며 복잡한 위기자의 감정을 확인해주는 것도 필요하다.

- 이혼을 원하는 남편에게 분노한 여성

"두 연놈에게 꼭 대가를 치르게 할 거야. 두고 보라고, 누구도 나에게 이런 아픔을 줄 수는 없어!"

- 위기 협상관

"○○ 님께서 혼자 남게 되셔서 무척 속상하시고 화가 나신 것 같습니다."

(가치 판단 없이 위기자의 감정을 인정하고, 분노와 상처를 확인하는 데 도움)

③ 개방형 질문

위기자에 대한 감정 순화와 정보 수집을 위해 대화를 지속할 수 있는 개방형 질문을 한다. '예/아니오'로만 답할 수 있는 질문은 위기자에게 압박감을 주고, 자신의 속내를 얘기하고 싶은 마음을 사라지게 한다. 위기자가 내키는 대로 얘기할 수 있도록 개방형 질문으로 기회를 주면, 위기자는 가장 격한 감정을 말하게 된다. 개방형 질문을 한 후 위기자가 격한 감정을 분출했을 때 위기자의 감정을 인정해주면 더욱 효과적이다.

- 불륜에 쓰인 신용카드 사용 내역을 아내가 보여주자,

자살한다고 위협하는 부도 위기의 사업가

"내 불륜이 알려져서는 안 돼! 다들 우리가 완벽한 부부라고 생각한다고! 사업도 망할 지경인데 내게는 남는 게 없어!"

• 위기 협상관

"○○ 님께서 무척 힘드셨겠네요! 그동안 무슨 일이 일어났는지 말씀해보세요."

(위기자의 감정을 인정하면서 관심을 표명하고. 위기자가 자신이 처한 상황의 정보를 말하도록 대화 유도)

④ 반영

위기자 발언의 마지막 단어나 문구를 반복 활용해 적극적으로 청취하고 있음을 표현함으로써 위기자가 대화를 주도하고 있다고 느끼게 하는 것이다. 그래야 협력적 관계 형성과 위기자의 정보 수집에 유리하다.

• 인질 상황을 벌이고 있는 은행 강도

"나는 돈을 가지고 여기서 반드시 나가야 된다고! 나를 위해서가 아니라 우리 아이를 위해서!"

• 위기 협상관

"아이를 위해서요?"

(병원과 아이의 병에 대한 정보 확인 후 위기자가 계속 대화할 수 있도록 분위기 조성)

⑤ 대화의 요약

위기자의 발언을 나의 언어로 요약해서 반복한다. 위기자의 말을 적극적으로 청취하고 있음을 표현하는 것으로, 상대방의 의도를 분명히 이해하지 못했을 때 그 부분을 확인할 수 있다. 하지만 대화를 단순히 요약하는 것이므로, 위기자의 말이나 행동에 동의한다는 의미는 아니다. 위기자는 고조된 감정으로 자신의 말의 내용이나 상황 판단에 어려움을 겪고 있기 때문에, 위기자의 말 혹은 현재 상황에 대한 요약을 통해 현실감을 일깨워줄 수 있다. 위기 협상관이 요약을 해서 말할 때는 가치중립적인 단어나 표현을 사용해야 위기자의 감정을 자극하지 않는다. 또 주기적으로 외부 상황을 요약해주면 위기자의 현실 판단에 도움이 된다.

- 동거녀를 인질로 잡은 남성

"안 가면 이년을 죽일 거야! 비웃어? 이년이! 너 죽었어!"

- 위기 협상관

"○○ 님은 우리가 떠나지 않으면 누군가를 해치겠다는 거군요? 여자 분의 태도가 마음에 들지도 않고요?"

(위기자의 말을 경청하고 있다는 표현이며, 위기자의 감정을 순화시키고 대화를 유도할 수 있음)

⑥ 나의 감정 전달

위기자를 비난하지 않으면서 위기 협상관의 감정이나 생

각을 전달한다. "만약에 ○○이 발생하면, 제가 걱정이 생깁니다. 왜냐하면…"과 같이 위기 협상관의 생각을 표현하는 것이다. 상대방이 비난이라고 느끼지 않게 하면서 자신의 불편한 감정을 표현할 수 있다. 그래서 시작은 반드시 '나'를 주어로 말해야 한다. 보통 비난은 상대의 행동에 대한 판단과 생각을 가리키기 때문에 위기자는 자신에 대한 비난으로 인식하고 반발할 수 있다. 따라서 위기 협상관이 '나'로 대화를 시작해서 '나'의 감정을 말한다면, 위기자는 비난으로 인식하지 않고 상대의 감정에 대한 표현으로 생각하고 듣게 된다. 위기자가 과도한 요구를 하거나 난폭하게 행동할 때 효과적이다. 나의 감정을 전달할 때는 거칠거나 훈계가 아닌 톤으로, 위협적인 단어는 피해서 말한다.

- 술 취한 상태로 자신의 아이를 인질로 잡은, 이혼 위기에 있는 실직한 40대 남자

"이 사태를 해결하고 싶으면 내 마누라를 당장 데리고 와! 그럼 모든 게 잘 될 거야! 둘이서 해결할 수 있다고!"

- 위기 협상관

"제가 걱정되는 것은 술에 취해서 이러시면 ○○ 님의 의도를 사람들이 진지하게 받아들이지 않는다는 겁니다."

(술에 취해 있는 동안 아내를 볼 수 없는 것은 위기자의 행위가 아니라 협상 요원의 염려 때문이므로, 위기자는 방어가 불필요하게 된다. 그리고 위협적이지 않다.)

⑦ 격려와 고무

짧고, 시기 적절한 대답이나 언급은 경청의 표현이다. 말할 때는 청중이 필요하고, 대화 중에 상대방의 발언에 대해 적절하게 언급해야 대화를 계속할 수 있다. 전화 상담사들의 대응이 좋은 예이다. 특히 위기자의 감정 분출을 위해서 이야기를 계속할 수 있도록 짧은 말보다는 격려의 말이 필요하다.

- 위기 협상관
"네, 그래서요?"
"그러시구나."
"정말요! 아, 그러세요!"

- 적절한 표현
"어려운 이야기를 솔직하게 말씀해주셔서 감사합니다."
"계속 이야기해주세요!"
"다른 이유는 없나요?"
"그래서 어떻게 되었나요?"
"듣고 싶어요!"

⑧ 대화의 일시적 중지

일시적인 침묵은 중요한 말을 하기 전이나 상대의 대화를 유도할 때 유용하다. 격정적인 감정을 순화시키고, 거친 인신공격을 비껴가면서 대결을 피할 수 있다. 특히 우울증이 있는 위기자와의 대화를 유도하는 데 효과적이다.

나의 발언으로 대화가 단절되면 상대방은 계속 말해야 한다는 부담감이 생길 수 있으므로 인내심을 갖고 대답을 할 때까지 기다린다. 이때 상대방이 즉각적으로 대답하지 않는다고 다른 주제로 말을 시작해서는 안 된다. 왜냐하면 상대방은 다시 새롭게 대답을 준비해야 하므로, 대화가 지연되고 주제가 뒤섞여서 오히려 위기자에게 혼란을 일으킨다.

- 우울증이 있는 자살 기도자
"..."

- 위기 협상관
"전에 우울할 기분이 들 때 무엇을 하면 기분이 좋아지던 가요?"

(10초 이상 대답을 기다린다.)

'적극적 청취'의 대화 사례

부인의 신고로 자녀 2명을 인질로 잡은 위기자와 경찰이 대치 중인 상황이다.

위기자　　가! 꺼지란 말이야!

위기 협상관　　안녕하세요. 위기 협상관 이철수입니다.
　　　　　　　　안에 아무 이상이 없나요?

위기자　　꺼지란 말이야! 다 필요 없으니까! 가!

위기 협상관   안에는 모두 안전하신가요?

위기자   가라니까! 다 필요 없으니까!

위기 협상관   지금 많이 화나고 흥분하신 것처럼 보이
세요. 무슨 일이 있으셨어요?

위기자   우리 가족 일이니까, 상관 말고 가세요!

위기 협상관   가족 일로 많이 화가 나셨나 봐요. 무슨
일이 있으시길래, 이렇게 화가 났는지 궁
금하네요. 하지만 한편으로는 가족 일이
라서 쉽게 말하기 어려우신가 봐요.

위기자   알면 됐어. 그만하고 가세요!

위기 협상관   가족 일로 화가 나서 이러시는 거예요?
무슨 일이 있었는지 궁금해서 제가 듣고
싶어요.

위기자   아니, 우리 집사람이 제대로 하는 것도 없으면
서 헤어지자고 하니 화가 안 나!

위기 협상관   부인께서 헤어지자고 해서 화가 나신 거
군요?

위기자   그럼 헤어지자고 하니 화가 나지!

위기 협상관   그렇죠. 헤어지자고 하면 화가 나죠. 무슨
일이 있으셨어요? 제가 그 이유를 듣고
싶어요.

위기자   남자가 일을 못할 수도 있고, 술을 마실 수도
있지, 그렇다고 헤어지자고 그래? 아이들도 있
는데!

위기 협상관   그래서 기분이 나쁘셨구나. 더구나 아이
들도 있는데 그러니 화가 나실만 하네요.
그래서요?

위기자   요즘 코로나로 일이 없어서 쉬고 있어서, 친구
들과 소주 좀 마셨는데, 그걸 가지고 그렇게 잔
소리를 해대고. 지는 하는 게 뭐 있어!

위기 협상관   코로나로 잠시 일을 쉬는 사이에 친구들
과 술 마셨다고 잔소리를 하셔서 기분이
상하신 거군요.

위기자   그렇지. 그동안 나도 열심히 일해서 여기까지
왔는데, 코로나로 잠시 일 쉬었다고 그렇게 잔
소리를 하고, 이제 못 살겠다고 헤어지자고 하
니 화가 안 나요?

위기 협상관   그동안 열심히 일을 해왔고, 잠시 쉬는 건
데 아내가 이해해주지 않아서 서운하셨겠
어요?

위기자   서운하지! 술 조금 마시는 것 가지고도 그렇게
바가지를 긁어요!

위기 협상관   바가지를 긁어요?

위기자   남자가 그럴 수도 있지, 그런 걸 가지고 그렇게
바가지를 긁어! 그리고 애들도 있는데 헤어지
자는 말이 어떻게 그렇게 쉽게 나오냐고?

위기 협상관   부인이 잔소리를 하셔서 기분도 상했지
만, 결정적으로 애들을 생각하지 않고 헤

어지자는 말에 많이 화가 나신 거군요?

위기자　그렇지! 어떻게 애 엄마가 그럴 수 있어?

위기 협상관　선생님 입장에서는 섭섭한 감정이 들 수 있겠네요. 그리고 아이를 많이 생각하고 계시네요?

위기자　애들을 생각하면! 흑흑….

위기 협상관　애들을 많이 아끼고 계시네요!

위기자　애들을 생각하면 이러면 안 되는데.

위기 협상관　애들을 생각하면 이런 모습을 보이고 싶지 않으시죠.

위기자　휴! 어떤 부모가 이런 모습을 보이고 싶겠어요!

위기 협상관　그렇죠. 그럼 아이들은 안전한가요?

위기자　아이들은 괜찮아요. 조금 놀란 것뿐이고.

위기 협상관　제가 들어보니 선생님의 노력을 알아주지 않아서 아내께 많이 섭섭하셨나 봐요. 더욱이 아이들 생각 없이 헤어지자고 해서 화도 나시고요.

위기자　그렇죠.

위기 협상관　아이들을 많이 아끼고 계시네요. 제가 걱정되는 것은 선생님의 이런 사랑을 아이들이 잘못 이해할까봐 걱정이 돼요. 아이들은 지금 많이 놀란 상태이기도 하고요.

위기자　아이들 생각하면 이러면 안 되는데….

위기 협상관 사람은 누구나 순간적인 감정으로 이런 일을 벌일 수 있어요. 그런데 다행히 다친 사람도 없고, 지금까지 아무런 일도 일어나지 않아서 선생님께서 크게 책임질 일이 없어요. 부인도 자신이 조금 심했다고 미안하다고 하시고요.

아이를 먼저 내보내시고, 천천히 걸어 나오셔서 안전한 장소에서 아내 분과 얘기해보시는 건 어떠세요?

위기자 ….

위기 협상관 ….

위기자 아내와 얘기할 수 있을까요?

위기 협상관 네, 부인도 얘기하고 싶어 하고요. 아이들 먼저 내보내고, 천천히 걸어 나오세요.

위기자 네, 잘못했습니다. 나갈게요.

위기자의 심연,
어떻게 읽을 것인가

위기자와 신뢰 관계를 형성하는 법

① 위기자와 임무를 분리해 다가가기

위기자는 보통 합리적인 의사 결정을 할 수 없는 정신 상태로, 현장 출동자에게 온갖 비난과 욕설을 퍼붓는다. 만약 경험이 부족한 경찰관이 현장에 출동하면 위기자의 이러한 자극적 행동에 감정이 동요되어 자신의 임무는 잊어버리고 위기자와 말싸움을 하기도 한다. 자신의 감정에 휩싸여 더 이상 대화의 내용이나 임무 따위는 중요하지 않고 비이성적인 대응을 하게 되는 것이다.

현명한 현장 출동자라면 위기자가 '왜 이런 거친 비난과 욕설을 할까' 하는 감정의 원인을 찾아야 한다. 위기자가 현재 자신에게 하고 있는 비난과 욕설이 특정인을 목표로 하는 행위가 아니라, 단순히 위기자 자신의 강한 감정에 압도되어 화가 났음을 외부에 표출하는 것이라고 보아야 한다. 위기자는 눈앞에 있는 사람이 누구이든 같은 행동을 할 것이므로 현장 출동자는 자신을 향한 개인적인 비난과 욕설이라고 생각할 필요가 없다. 실제로 현장 출동자가 어떤 사람인지 위기자는 알지도 못하니 말이다.

현장 출동자는 위기자와 자신의 임무를 구분해서 생각하고 대응해야 한다. 위기자는 감정에 휩싸여 비이성적인 행동을 하지만, 현장 출동자는 감정 동요에 휘말리지 않고 임무에만 집중할 필요가 있다. 위기 상황을 해결할 수 있는 핵심 원인이 무엇인지 파악하고, 임무에 초점을 두고 위기자의 이야기에 귀 기울이면 그의 입장, 상황, 원인 등을 찾을 수 있다.

② 최초 대면 시에는 자신을 부드럽게 소개하기

위기 현장에 있는 위기자는 누구보다도 감정적으로 불안하고 당황스럽다. 자신으로 인해 현장에 출동한 사람들이 자신을 통제하고 제압하려 한다는 인상을 받기 때문이다. 따라서 최초로 위기자와 대화를 시작하려는 사람은 도움 제공자로서 역할을 해주어야 한다.

또 대부분의 위기자는 낯선 누군가와의 접촉 자체를 거부한다. 그러므로 현장 출동자는 위기자에게 자신이 누군가를 알리고, 어떤 도움이 필요한지 먼저 물어봐야 한다. 현장에 여러 기관의 많은 사람이 출동했더라도 '당신과 대화를 하는 나는, 당신이 지금 일시적으로 위기에 빠져 있고, 도움이 필요한 사람임을 알고 있습니다'라는 메시지가 정확하게 전달되도록 자신을 소개하고, "누가 신

고하셨어요?", "왜 그러세요?"와 같은 사무적 말투보다
는 소속 기관과 이름을 얘기하고 "혹시 다치신 데 없으신
가요?", "무엇을 도와드릴까요?"라고 대화를 시작해야 한
다. 이때 자신이 속한 소속 기관을 얘기하면 전문성과 신
뢰를 얻을 수 있다.

③ 숨기거나 통제할 수 없는 감정 돌보기
현장 출동자가 위기 현장에 출동하면 격한 감정에 휩싸인
위기자와의 대화 외에도 여러 상황을 마주하게 된다. 휴
대폰을 꺼내 든 주변의 시민, 취재 경쟁을 벌이는 언론 매
체의 등장, 수시로 현장 상황을 보고하기를 바라는 상급
기관의 재촉 등 현장 출동자가 현장에서 평상심을 갖기란
쉽지 않다.
긍적적인 감정이든, 부정적인 감정이든 아무리 감정을 통
제하려고 노력해도 자연스럽게 생겨나는 감정을 완벽하
게 통제하기란 불가능하다. 특히 감정은 자신에게 무엇이
중요한지를 알려주는 역할도 하기 때문이다. 생겨난 감정
을 무시해도 자연스럽게 이런 감정은 현장 출동자의 신
체, 행동, 생각에 영향을 준다. 그래서 감정을 감추거나
통제하기보다는 잘 돌보는 것이 중요하다.

④ 긍정적인 감정을 적극적으로 활용하기
위기자와 현장 출동자와의 긍정적인 감정은 위기 상황을
안전하게 해결하는 데 도움이 된다. 사전에 교류가 전혀

없던 위기자와 현장 출동자 사이에 신뢰 관계가 형성된다면 위기자는 현장 출동자에 대한 두려움과 의심의 감정이 줄어든다. 이러한 상호 간의 긍정적인 감정은 믿음을 주며, 위기자는 현장 출동자의 의도대로 따르게 된다. 따라서 긍정적인 감정이 느껴졌다면 위기자에게 안전한 대안을 과감히 제시할 수 있다. 물론 신뢰 관계가 발전되기 전인 초기 단계에는 위기자가 신속한 문제 해결에 집중하는 현장 출동자에게 긍정적인 감정을 갖기 어렵지만, 일단 긍정적인 감정이 생기면 두려움과 의심보다는 신뢰의 감정으로 현장 출동자의 말을 따르게 된다.

⑤ 위기자가 말을 잘 이해하지 못하면 말투나 소통 방법을 바꾸기

이성보다는 감정이 강한 위기자는 현장 출동자와의 대화 자체를 어렵게 느낀다. 그 이유로는 크게 3가지가 있다. 첫째, 자신의 감정이나 생각에 압도되어 대화 자체에 대한 거부감이 있다. 둘째, 주변 상황 때문에 대화에 집중할 수 없다. 셋째, 자신의 감정에 휩싸여 남의 말이 잘 들리지 않는다. 따라서 위기자와의 소통이 잘 되지 않는다면 상대방이 잘 듣고 이해할 수 있는 톤, 말투, 표현 기법을 찾아 말해야 한다.

위기자는 자신의 감정에 휩싸여 대화에 적극적이지 않을 수 있고, 상황 초기에는 현장 출동자와 신뢰 관계가 형성되지 않았기 때문에 소통에 대한 거부감이 들 수 있다. 현

장 출동자는 이러한 위기자의 상태를 고려해 소통이 가능하도록 자신의 말투나 소통 방법을 고민해야 한다. 주변의 소음이나 먼 거리로 인해 대화가 어렵다면, 자신의 목소리를 높이거나 휴대폰을 이용해 대화하는 것이 더 효과적이다.

- 위기자가 청소년이나 노인이라면, 이해할 수 있는 표현 방법으로 말하려고 노력해야 한다.
- 심한 우울 증세를 보인다면, 대화의 속도를 아주 느리게 하고, 위기자의 답변을 인내심을 갖고 기다려야 한다.
- 상대방이 전혀 듣지 않으려고 한다면, 1분이나 3분만 시간을 달라고 정확한 시간을 제안한다.

⑥ 위기자와의 유대감 형성을 위한 감정적 고리 만들기

전혀 모르는 사람과 위기 상황에서 만나 대화만으로 신뢰 관계를 구축하는 일이 가능할까. 통상적으로 위기자는 경찰에 대한 적대감이 있고, 잘 모르는 사람과의 대화 자체에 거부감이 있을 수도 있다. 그런데 위기자가 현장 출동자와 협력 관계를 맺었다고 느낀다면 서로 배려하며 합의점을 찾기가 쉬워진다. 이러한 협력 관계는 신뢰를 바탕으로 하는 정직한 관계를 의미하며, 진심으로 상대를 대할 때만 가능하다.

여기서 중요한 것은 위기자와 감정적 고리를 만들어야 한다는 것이다. 감정적 고리는 협상관과 연대감을 느끼게 하

고, 같은 처지라는 인식을 주어 신뢰 관계를 형성하기가
수월해진다. 감정적 고리를 만드는 방법은 다음과 같다.

- 학연, 지연, 혈연 등 연관성을 가질 수 있는 모든 연줄
  을 동원해 위기자와의 연결을 시도한다. 연결할 수 있
  는 연을 찾을 수 없다면 부모, 학부모, 직장인 등 같은
  지위를 활용한다.
- 위기 상황을 안전하게 해결한다는 점에서 같은 처지임
  을 이해시킨다.
- 대화를 주도하지 말고, 위기자의 말을 들어준다.

⑦ 위기자가 제기한 문제를 해결하기보다는 감정에 초점
을 두고 대화하기

현장 출동자는 직면한 위기 상황을 해결하려는 생각이 앞
서서 문제 해결만을 목적에 두고 위기자와 대화를 시도한
다. 하지만 위기자는 문제 해결보다는 그 과정에서 겪은
고통과 상처, 외로움의 감정을 위로받고 싶은 마음이 더
강하다. 이러한 감정 때문에 평상시라면 하지 않을 행동
으로 위기 상황이 촉발된 것이다. 위기자는 어떠한 기관
에서 현장 출동자가 나오더라도 자신의 문제를 단번에 해
결해줄 수 없음을 잘 알고 있다. 경험을 통해 문제 해결의
어려움과 복잡성을 알고 있기 때문이다.

부산의 한 편의점에서 일어난 강도 사건을 예로 들어보
자. 이 사건은 경찰의 신속한 출동에도 불구하고 강도가

편의점 직원을 칼로 위협하면서 인질 상황으로 발전했다. 경찰특공대까지 출동해 위기 협상관이 인질범과 대화를 시작했는데, 첫 요구 사항이 당시 대통령인 박근혜 대통령, 미국 오바마 대통령과의 면담이었다.

문제 해결에 주목한 협상이라면, 협상관은 대통령이 현장에 오기 힘들다고 설명하면서 시간을 끌며 협상을 진행할 것이다. 하지만 위기자의 감정에 주목하면서 협상한다면 대화의 내용은 완전히 달라진다. 위기자가 대통령과의 면담까지 바라는 그 강력한 감정의 원인에 집중해 대통령과의 면담이 이루어진다면 하고 싶은 말들에 대해 물어보는 것이다.

- "대통령과의 면담을 원할 정도로 어려운 일을 많이 겪고 계시나 봐요! 대통령과의 면담을 주선해보겠습니다."
- "제가 궁금한 것은, 대통령과 만나면 무슨 이야기를 하고 싶으세요?"

위기자의 감정에 주목하면서 그의 말을 듣고, 대화를 시작하고, 위기자가 제기한 문제를 해결하기보다는 그의 감정에 초점을 두고 대화를 유지해야 한다. 그래야 위기자의 감정이 분출되면서 신뢰 관계도 형성된다.

위기 현장은 문제 해결이 아니라 감정을 분출하는 장소라고 생각하는 게 보다 정확하다. 하지만 대부분의 위기 현장 출동자는 감정을 무시하고 문제 해결에 집중해, 위기자를 더욱 감정에 휩싸이게 만드는 실수를 한다. 통상적으로 현장에 출동한 많은 근무자가 문제 해결 중심의 대화를 해 위기자가 대화를 하고 싶지 않게 한다. 최악의 상황은 최초 현장 출동자가 위기자의 감정을 자극하는 언동으로 위기자를 흥분시켜 물리력으로 제압하게 되는 것이다.

⑧ 부정적인 감정도 전략적으로 드러내기

현장 출동자도 감정이 있는 인간이다. 그래서 위기자의 욕설과 비난, 난폭한 행동에 화가 나거나 참기 힘든 감정이 생길 수 있고, 감정이 참지 못할 정도라면 감정적인 반응을 할 수도 있다. 하지만 위기자에게 무작정 자신의 감정을 폭발시키면 임무에 실패할 수 있으므로, 감정을 드러낼 때는 목적이 분명해야 하고 적절한 수준과 타이밍이 필요하다. 현장 출동자의 단순한 부정적인 감정 반응이 위기자의 감정을 자극해 상황을 악화시킬 수 있기 때문이다. 물론 위기자에게도 과도한 욕설이나 위험한 언행이 현장 출동자를 감정적으로 괴롭히고 있다는 사실을 상기시킬 필요가 있다.

위기자와의 관계 개선을 위해서는 적절한 대응도 필요하다. 하지만 자칫 위기자의 감정을 자극할 수도 있으므로, 현장 출동자가 부정적인 감정을 드러낸 이후에는 행동의 의도를 위기자에게 상세히 설명하고, 위기자를 자극했다면 정중하게 사과해야 한다. 그러면 적어도 위기자는 자신의 행동이 현장 출동자에게 고통을 주었다는 사실을 인식하게 된다. 일반적으로 신뢰 관계가 형성된 사람한테 고통을 주는 언행은 위기자도 피하려고 노력한다.

부정적 감정을 피해야 하는 이유

부정적 감정은 협상을 방해하는 요인으로, 상대방의 방어 기제를 작동시키고 두려움과 의심을 키워 적대감을 유발시킨다. 이러한 부정적 감정이 위기자에게 생기면, 첫째, 터널 비전(Tunnel Vision)[3]을 일으켜 사고의 범위가 좁아진다. 터널 비전은 문제의 해결 방법을 이분법적으로 단순화시키고, 다양한 대안을 고려할 수 있는 창조적 사고를 막는다. 둘째, 부정적 감정에 압도되어 합리적인 결정을 할 수 없게 된다. 셋째, 현장 출동자의 약점과 실수가 노출되어 위기자는 현장 출동자를 신뢰의 대상이 아니라 갈등의 대상으로 인식하게 된다. 그러면 결국 현장 출동자도 감정이 동요되어 자신의 임무를 잊고 비합리적인 행동을 하게 된다.

부정적 감정은 위기자와 현장 출동자 모두에게 상황을 악화시킬 수 있는 결정적인 요인이다. 부정적 감정이 생긴다면 이를 부정하거나 무시하기보다는 왜 이러한 감정이

---

3 차를 타고 터널 안에 들어갔을 때처럼 시야가 좁아져 주변을 보지 못하는 현상을 가리킨다.

생겼는지 원인에 주목해 대화를 시도해야 한다. 특히 위기자가 강력하게 감정을 드러낸다면, 현장 출동자는 반드시 그 원인을 파악하려는 노력을 보여야 한다. 그래야만 위기자는 자신의 감정에 관심이 있다고 받아들이며, 위기자의 감정을 긍정적으로 전환시킬 수 있다.

현장 출동자는 자신의 임무를 분리해 위기자와 대화해야 하지만, 우선은 자신에게 생긴 감정을 인정해야 한다. 스스로 감정을 인정하지 않으면 우리는 이 감정을 돌보려는 어떠한 노력도 하지 않게 된다. 자신은 부정적 감정이 생기지 않았다고 생각하니, 대응 조치의 필요성도 느낄 수 없는 것이다. 술 취한 사람에게 취했냐고 물어보면 대부분 안 취했다고 대답하는 것과 동일하다. 자신에게 일어나고 있는 감정의 문제를 문제로 인식하지 않으면 해결하려는 어떠한 노력도 하지 않게 되므로 자신의 감정 상태를 정확히 알아야 한다.

현장 출동자 자신이 인식하지 못하는 경우에는 주위의 동료가 부정적인 감정에 대한 우려를 전달해서 이를 해결하기 위해 노력해야 한다. 그래서 위기 상황에 대응하는 현장 출동자는 팀으로 활동해야 이러한 위험성에 대비할 수 있다.

부정적 감정을 인정한 후에는 이를 해소하려는 행동이 필요하다. 보통은 다음과 같은 방법을 추천하지만, 자신만의 방법이 있다면 활용해서 감정을 다스려보자.

- 긴급 전화통화 같은 합리적인 이유를 대고 현장을 잠시 피한다.
- 거꾸로 숫자를 센다.
- 심호흡을 한다.
- 대화 주제를 바꾼다.
- 동료를 대화에 주도적으로 참여하게 한다.

위기자의 요구,
어디까지 들어줘야 할까

위기자의 요구는 협상에 중요한 역할을 한다. 위기 상황을 움직이는 원동력이며, 위기자의 필요와 관심을 이해할 수 있는 좋은 증거이기도 하다. 그렇기에 아무리 사소한 것이라도 신중하게 검토해 협상하고, 일정 부분 수용해야 한다. 위기자의 요구에는 위기 상황을 일으킨 목적, 그의 의지 등이 잠재되어 있기 때문이다.

위기 협상팀이 위기자의 요구에 어떻게 대응하느냐에 따라 협상의 성공 여부가 결정된다. 위기자는 자신의 요구를 협상관이 어떻게 취급하는가에 따라 협상관의 협상에 대한 진정성을 판단한다. 위기자의 요구 사항을 모두 수용할 필요는 없지만, 적어도 들어주려고 노력하고 있다는 인상을 주어야 협상이 유연하게 진행될 수 있다.

위기자의 요구와 대가

위기자의 요구 사항을 수용할 때는 반드시 대가가 수반되어야 한다. 위기자에게 자신의 요구가 쉽게 실현될 수 없음을 체감하게 하는 것이다. 그러면 협상에서 주도권을 가진 쪽이 자신이 아니며, 현장을 탈출할 수 없음을 깨닫게 된다. 그래서 아주 쉽게 수용해줄 수 있는 요구라도 그에 따른 대가는 반드시 요청해야 한다. 그 대가가 아무리 작은 것이라도 말이다. 비인질 협상의 경우에는 비이성적인 위기자의 상태를 고려해 선의를 베풀 수도 있지만, 인질 협상의 경우에는 같은 정도의 수준은 아니더라도 요구에 상응하는 대가를 반드시 요청해서 '공짜는 없다'는 인식을 주어야 한다.

또 위기자의 요구에 대한 대가가 같은 정도(가치)일 필요는 없다. 인질 협상 상황이라면 인질 석방 외에 경청, 인질과의 면담, 인질범의 심리적 안정 등 다양한 사항을 대가로 요청할 수 있다. 협상관의 말을 잘 들어달라든지, 감정의 안정 등을 요청할 수도 있다. 이때도 위기자에게 요구 수용의 대가가 수반된다는 인식을 줌으로써 협상에 집중하게 만들어야 한다.

위기자의 요구에 대응하는 과정에서 협상관은 어쩔 수 없이 거짓말을 해야 하는 상황을 마주할 수 있는데, 가능하면 애매한 표현으로 거짓말을 피해가야 한다. 당장의 교착 상태나 곤란한 질문을 벗어나기 위한 거짓말은 전체 협상을 위험에 빠트릴 수 있다. 협상관의 거짓말은 위기자를 자극해 흥분하게 만들고, 신뢰 관계를 깨트려 더 이상의 대화나 협상을 진행할 수 없게 만들어 상황을 악화시킨다. 특히 위기자가 협상관의 거짓말로 흥분해 인질에게 위해를 가할 위험성까지 고려하면, 아주 위험한 행위라고 할 수 있다.

거짓말이 밝혀졌을 때는 정중히 사과하고 주 협상관을 교체한다. 협상관의 거짓을 경험한 위기자가 시간이 지난 후에 유사한 상황을 벌인다면, 협상관을 신뢰하지 않아 그 협상도 어려워질 것이다. 협상관의 거짓말은 언어뿐만 아니라 위기자가 요구하는 음식이나 음료수에 약물을 타는 경우를 포함한다. 이런 속임수가 드러나면 인질의 안전이 위협되고, 협상을 진행하기가 어려워진다.

위기자가 요구에 시한 설정을 한다면

위기 협상관에게 가장 당황스러운 상황은 위기자가 시한을 설정해 요구를 하는 것이다. 위기자는 설정한 시한 내에 자신의 요구가 반드시 실현되어야 하고, 아니면 폭력적인 행위를 할 것을 예고하면서 상황을 압박한다. 위기 협상 전문 교육을 받지 않은 경우에는 위기자에게 시한을 연장해달라고 하거나, 시한에 임박해서 요구의 연기를 요청하거나, 시한에 맞추어 구출 작전을 바로 준비하는 실수를 하게 된다.

최악의 실수는 협상관이 위기자의 요구 사항을 수용하면서 스스로 시한을 설정하는 오류를 범하는 것이다. 이유 여하를 막론하고 요구 사항의 실현에 시한이 설정되었다면, 협상의 역동성을 강화하면서 마치 시한 설정 자체가 없었다는 듯 정해진 시간이 자연스럽게 경과하도록 유도하는 게 가장 효과적이다. '구렁이 담 넘어가듯이'라는 옛 말처럼 협상의 역동성에 의해 설정된 시한을 그냥 넘기는 것이다. 설정된 시한 직전에 위기자에게 시한을 언급하면서 연장을 요청하는 행위는 오히려 시한을 상기시키고 중요한 의제인 것처럼 느끼게 해 부정적인 영향을 줄 수 있다. 위기자가 요구한 시한 설정이 자연스럽게 넘어갔다면 일정 부분 협상의 주도권도 위기 협상팀으로 넘어왔다고 볼 수 있다. 위기자는 자신의 강력한 요구가 그냥 넘어갔다는 사실에 자신이 영향력을 행사할 수 없음을 깨닫게 된다.

사상자가 발생했다면

만약 현장에 출동했는데 인질 상황에서 사상자가 있다면, 이는 협상의 최우선 순위에 두어야 한다. 인질 상황에서는 사망자라 하더라도 의사에 의해 정확한 확인이 이루어진 것이 아니면 생명을 구할 수 있는 기회가 있고, 다친 사람은 신속하게 의료 서비스를 받을 수 있도록 조치해야 한다. 이러한 상황에서 협상관은 위기자에게 인질의 사망이나 부상이 위기자의 입지를 불리하게 만들 수 있고, 진심으로 위기자가 사상자의 발생을 원한 것이 아님을 상기시켜준다.

위기자의 요구를 작은 단위로 세분화하기

위기자의 요구 사항을 작은 단위로 쪼개어 협상관의 노력을 과시해야 한다. 천편일률적인 설득보다는 위기자의 한 가지 요구를 실현하는 데 필요한 많은 세부 절차를 설명하면서 설득하는 것이다. 그래야 협상관이 많은 절차를 신속히 진행하기 위해 노력하고 있음을 느낄 것이다. 또 복잡한 절차를 진행하기 위해 위기자의 협력이 필요하며, 그래야 지휘관을 설득시킬 수 있음을 설명해준다. 예를 들어서 차량을 제공한다면, 현장 지휘관의 허가, 차량 제공을 위한 부서장의 허가, 상급 기관장의 허가, 요구 차량 확인, 운전 경찰관의 선정(경찰관 전원이 인질 현장 출동), 허가된 차량까지 운전 경찰관의 이동, 현장까지의 차량 이동, 차량 기술자의 기술 점검, 특공대의 위험 점검 등 위기자에게 절차를 상세히 설명하고 빠르게 진행하려면 협조가 필요함을 어필한다. 위기자의 요구가 여러 가지일 때도 하나하나의 요구를 세분화해 협상을 진행한다면 정당한 시간 지연의 방법으로 활용할 수 있다.

시간 지연의 중요성

위기 현장에서 시간의 지연은 경찰에게 긍정적으로 작용한다. 시간이 경과하면서 위기자와 인질에게 생겨나는 배고픔과 대소변 등의 생리적 욕구는 협상관이 신뢰 형성을 위한 도구로 활용할 수 있다. 또 부수적으로 위기자가 감정을 순화하고 이성을 회복할 수 있는 기회가 된다. 따라서 협상이 불가능한 요구도 안 되는 이유를 설명하고 설득하면서 시간을 지연시키는 기회로 활용하면 결과가 달라질 수 있다.

시간 지연이 중요한 이유는, 첫째, 경찰특공대에게 구출 작전을 충분히 준비할 수 있는 시간적 여유를 제공한다. 둘째, 정신과 전문의 등 전문가가 현장을 지원할 수 있다. 셋째, 위기자의 행동과 주의를 지연시킬 수 있다.

경찰의 입장에서는 시간을 지연시킴으로써 가능한 많은 현장 정보와 인질 상황 내부의 정보를 수집할 수 있고, 급히 현장에 출동한 현장 지휘관은 많은 자원을 차분히 조직화할 수 있다. 경찰특공대가 구출 작전을 할 경우에도 작전을 위한 내부 정보 수집과 구출 작전 연습이 가능해 최후의 수단으로 구출 작전을 실행하더라도 인질의 사상 가능성이 현저히 낮아진다.

특히 시간이 지나면서 위기자는 점차 자신이 현재의 장소에서 벗어날 수 없다는 현실 인식을 하게 된다. 경찰특공대의 거친 구출 작전으로 폭력적인 체포를 당할 것인가, 아니면 평화롭고 안전하게 투항할 것인가를 두고 심각하게 고려하게 된다. 하지만 시간이 경과하면서 위기 협상팀에 피로가 쌓이면 위기자의 합리적 결정을 방해할 수 있다. 위기자는 시간이 지체되는 사실에 답답함을 느끼고, 빠른 사태 해결을 위해 비이성적으로 행동할 위험이 있으므로 주의해야 한다. 협상이 장기화되더라도 협상팀은 교대가 가능하지만, 위기자는 경찰의 구출 작전에 대비해 경계를 늦출 수 없기 때문에 시간의 경과가 피로와 짜증을 유발해 문제를 일으킬 수 있다.

협상이 가능한 요구

① 음식

음식은 위기자에게 신뢰를 얻고, 인질의 석방을 가능하게 하는 중요한 협상 도구이다. 음식을 제공할 때는 다음을 유의해야 한다. 첫째, 음식은 인질범이 요구한 정확한 양만을 제공한다. 추가를 요구하면 협상의 대상으로 대가를 요구할 수 있는 기회로 활용할 수 있다. 둘째, 인질범과 인질 간의 친밀감 형성을 위해 양자가 처한 공간에 따라서 솥밥 또는 공기밥으로 제공할지를 결정한다. 양자가 떨어져 있다면 솥밥으로, 같은 공간에 있다면 공기밥으로 1인분씩 제공해 인질의 인간화[4]를 지원할 수 있다. 셋째, 반찬은 별도로 협상해야 한다. 반찬의 제공은 운반 문제가 발생할 수 있으므로 별도의 협상 과제가 될 수 있다. 하지만 교도소와 같이 식판에 완전한 식사가 제공되는 곳은 전체 식사를 제공한다. 넷째, 음식을 짜게 조리해 소변

---

4 인질범은 인질을 인간이 아닌 단순히 자신의 목적 달성을 위한 도구로 보는데, 협상 과정을 통해 인질을 인간으로 보이게 하는 작업이 필요하다. 즉, 인질을 바라보는 인질범의 관점을 바꾸는 것이다.

등의 생리적 욕구를 유도하면 협상 상황을 유리하게 유도하는 기회를 만들 수 있다. 마지막으로, 음식에 수면제 등의 약물 투여는 전체 협상을 붕괴시킬 수 있어서 하지 않는다. 만약 인질에게 먼저 약물이 투여된 음식을 먹게 하면 신뢰가 파괴되고, 인질범은 배신감에 휩싸여 폭력적인 행동을 할 수 있다.

② 담배

위기자가 흡연자인 경우에는 담배를 요구할 가능성이 높다. 위기 협상팀에서 담배를 제공하기로 결정했다면, 한 개씩 낱개로 제공하며 성냥은 별도로 협상한다. 여기에서도 '공짜는 없다'는 원칙이 적용된다. 협상이 교착된 상태에서 흡연자인 위기자의 협상 유도를 위해 대화 중 담배 피는 소리를 내거나 담배 피는 시간을 위한 휴식 요청도 시도해볼 만하다. 위기자의 흡연 욕구를 자극해 협상의 도구로 활용하는 것이다. 하지만 화재를 일으킬 수 있는 라이터 제공은 피한다.

③ 약품

위기자가 자신의 치료 목적으로 특정 약품을 요구한다면, 위기자의 양보를 받아낼 수 있으며, 상황에 대한 정보 수집의 기회로 활용할 수 있다. 위기자가 요구하는 약품을 통해 그의 건강 상태와 삶의 과정을 엿볼 수 있고, 더 나아가 약품 제공에 대한 편의 제공 대가로 억류되어 있는 인질의 건강 상태 확인이나 다른 사항을 요청할 수 있다.

④ 술

과거에는 음주 후의 난폭한 행동에 대한 위험으로 술의 제공은 협상 불가한 요구였다. 하지만 같은 이유로 심한 알코올중독인 위기자가 단주로 인한 금단 현상으로 불안, 초조, 흥분, 광분 상태에 이를 위험이 있다면 소량의 술을 제공할 수 있다. 술을 제공할 때도 술을 담는 용기의 안전까지 고려해 가급적 유리병은 삼가고 최소량만을 제공한다.

⑤ 음료수

음료수는 음식과 동일한 원칙으로 제공한다. 물을 제공할 때는 가급적 아주 차갑게 제공해 생리 작용을 유도하도록 한다.

⑥ 언론 접촉

위기자가 자신의 주장을 알리기 위해서 언론과의 인터뷰를 요구하면 협상을 할 수 있다. 위기자의 요구에 응했다면, 기자의 안전을 고려해 자발적인 의지로 위기자와 인터뷰를 할 수 있도록 하고, 사전 브리핑을 통해 현장 상황과 위기자와의 인터뷰의 위험성에 대한 정보를 제공한다. 만약 위기자가 무기를 소지했다면 가급적 위기자와 충분한 거리를 두고 인터뷰를 진행하도록 해야 한다.

위기자가 위치한 건물 내 진입을 통한 인터뷰는 기자가

인질이 될 가능성이 있으므로 기자의 안전을 고려해 피한다. 다른 언론 인터뷰와 달리 막대한 파급력과 통제가 어려운 TV 생중계를 요구한다면, 이 역시 협상 대상이 될 수 있다. TV 생중계라 하더라도 약간의 시차를 두고 방송 차단이 가능하므로 심각하게 편향된 내용의 주장이나 지나친 폭력적 장면은 차단하고, 사전에 협상을 통해 인터뷰 내용, 시간, 장면 등을 세부적으로 정한다.

그러나 교도소와 같이 외부와 단절되고 통제된 장소에서 발생하는 인질 상황은 다르다. 위기자에게는 외부와의 소통이 중요한 목적이므로 언론 보도나 인터뷰가 중대한 요구 사항이다. 만약 언론과의 교류가 거부되면 폭력적인 단계로 발전할 가능성이 다른 장소보다 높고, 인질 상황 발생의 목표가 언론 보도일 수도 있기 때문에 보다 신중하게 협상을 해야 한다.

⑦ 차량 등 교통수단

위기자와 인질이 한 장소에서 움직이지 못하고, 포위와 통제를 통해 대화가 가능할 때 협상 가능성이 높아진다. 반대로 위기자와 인질이 차량을 이용해 이동하게 된다면 포위와 통제가 불가능하게 되어 협상이 어렵다. 물론 인질범의 포위와 통제가 최우선이지만, 차량 제공에 대한 협상도 가능하다. 협상의 단서 제공으로 활용할 수도 있다. 하지만 차량을 제공해야 한다면, 최후의 수단으로써 밖으로 유인해 구출 작전의 기회로 활용해야 한다.

⑧ 돈

위기자가 거액의 돈을 요구한다면 경험 있는 협상관은 시간을 지연시킬 수 있는 좋은 구실로 활용할 것이다. 최악의 상황에서 돈을 제공할 수밖에 없은 경우라도 위기 상황이 종료된 후에는 돈의 회수가 가능하기 때문에 협상을 주저할 필요는 없다. 위기자가 요구한 돈을 준비하고 제공하는 과정을 위기자에게 세부적으로 나누어 설명하면서 시간을 지연시키는 것도 방법이다. 돈을 제공하기로 했다면, 위기자에게 전달하는 과정이나 돈의 용도를 통해서 구출 작전이나 정보 수집을 하는 기회로 삼을 수도 있다.

⑨ 위기자 자신의 사면이나 석방

인질 석방의 대가로 위기자 자신의 사면이나 석방을 요구할 수 있고, 정치적인 인질 상황의 경우에는 다른 죄수의 석방도 요구할 수 있다. 원칙적으로 협상이 가능한 주제이지만 실제로는 실현이 어렵다.

현장에서 인질의 석방이나 투항의 조건으로 인질, 관계자의 안전이 확보되면 현장 지휘관의 판단하에 위기자의 석방이나 사면을 약속하고 문서화할 수 있다. 하지만 이러한 약속은 인질 협상 중 강압에 의해 성사되어 법적 기속력이 없으므로 협상용으로 활용할 뿐이지 실제로 실현되지는 않는다.

협상이 불가능한 요구

위기자가 협상이 불가능한 사항을 요구할 때도 있다. 요구을 거부하는 것은 항상 최후의 표현으로, 가급적 요구 사항을 수용하려는 태도를 보여야 한다. 인질범의 요구 사항이 수용할 수 없은 내용이라 하더라도 단번에 거절하기보다는 일단은 수용하려는 태도를 보여야 위기자는 자신의 요구가 무시되지 않았다고 느낀다. 이럴 때는 위기자에게 요구 사항 전체를 수용할 수 없음을 부드럽게 설명하고, 요구 사항을 하나씩 짚어 협상의 가능함을 알린다. 위기자의 요구를 완전히 무시하지 않으면서 하나씩 협상함으로써 합리적으로 시간을 지연시킬 수 있다.

위기자가 협상이 불가능한 요구를 했을 때, 불가능하다는 것을 알면서도 협상을 진행하면 결국 안 될 사항을 질질 끌었다는 인상을 주어 상황을 악화시킬 수 있다. 오히려 위기자가 협상 불가능함을 인정하고 다른 요구로 협상 주제를 변경하도록 설득하는 게 좋다.

① 무기

무기는 협상 대상이 아님을 분명히 해야 한다. 인질 협상 상황에서 이미 인질범이 다량의 무기를 소지하고 있더라도 무기 제공은 협상이 불가능함을 분명히 전달한다. 무기와 관련된 탄약, 폭발물 모두 협상 대상이 아니다.

② 마약

마약은 알코올과 달리 편집증, 망상 등 예측 불가능한 행동을 유발하므로 제공할 수 없음을 설명한다. 알코올의 경우에는 금단 증상으로 소량을 제공하더라도 복용 후 반응이 예측 가능하지만, 마약의 경우에는 위기자가 복용한 후에 어떤 반응이 나올지 예측이 어렵기 때문에 제공하지 않는다.

③ 다른 죄수의 석방

자신이 아닌 다른 죄수의 석방을 요구한다면, 정치범 여부에 상관없이 협상 불가능함을 분명히 전달한다. 특히 교도소 인질 상황에서 동료 죄수의 석방을 요구하는 경우가 종종 발생하는데, 협상 대상이 아님을 분명히 해야 한다. 형사 정책적인 측면에서 다른 죄수의 석방이 실현되면 전체 범죄 통제 면에서 심각한 문제가 발생할 수 있다. 하지만 해외에서 한국인이 테러리스트에게 납치되고, 석방의 대가로 자국 내에 수용된 동료의 석방을 요구한다면 원칙이 변경될 수 있다.

2016년 아프가니스탄에서 납치된 미국인 케빈 킹(Kevin King)과 호주인 티모시 윅스(Timothy Weeks)를 2019년에 3명의 탈레반 포로와 교환하는 조건으로 풀려나게 한 사례가 있다. 2019년에 약 2천 명의 탈레반 죄수가 아프가니스탄에 구금되어 있었는데, 납치범이 요구한 3명을 석방시켜주는 대가로 자유를 얻은 것이다. 국내 상황이라면 불가능한 협상이지만 당시 아프가니스탄의 불안한 정세로 판단하면 3명의 탈레반 포로의 석방이 미국이나 호주에 심각한 위협을 초래할 가능성은 미미했기 때문에 협상이 가능했다고 생각된다. 국내, 국제 납치에서의 차별화된 협상 원칙을 알 수 있는 좋은 사례이다.

④ 인질의 교체

억류되어 있는 인질과 외부인을 교체하지 않는다. 여기서 외부인은 위기자가 요구한 외부인, 외부에서 교체를 위한 자발적 인질 지원 요청을 불문한다. 협상 도중에 인질을 교체하게 되면, 위기자와 인질 사이에 형성된 친밀감을 없애고, 위기자가 새로운 인질에 대한 경계에 과도하게 집중해 협상 진행을 방해할 수 있기 때문이다.

특히 경찰관이 스스로 인질 현장 내부로 들어가 인질이 되는 상황은 영화에서만 가능하며 실제로는 허용되지 않는다. 만약 인질이 교체되면, 인질이 된 경찰관의 억류나 살해가 위기자에게 권력 의식을 발생하게 하며, 인질이 된 경찰관은 신속하게 사태 해결을 해야 한다는 강박감으로 스스로 물리력을 행사해 인질 상황을 해결하려고 하기 때문이다.

이 경우 인질이 희생되어 협상 전체가 비극적으로 종료될 위험이 있으며, 협상관은 동료의 생사 여부를 신경 쓰며 스트레스가 가중되어 협상에 부정적인 영향을 줄 수 있다. 이러한 다양한 이유로 협상 과정 중간에 인질 교체는

하지 않는다.

위기 협상 과정에서 위기자의 요구는 피할 수 없는 과제
와도 같다. 수용할 수 있는 요구와 그렇지 않은 요구에 따
라 대처 방법도 달라질 것이다. FBI 위기 협상 가이드라
인[5]에서는 위기자의 요구에 대한 대처를 다음과 같이 정
리하고 있다.

- 시간의 활용으로 본능적인 욕구를 증가시켜 인질과 본
  능적 욕구의 해결을 교환
- 시간의 활용으로 협상에 도움을 줄 수 있는 정보 수집
- 시간의 활용으로 인질범의 요구 사항에 대한 기대 감소
- 가능한 교환 대상: 음식, 음료수, 교통, 돈
- 무기나 인질의 교환은 협상 사항이 아니다.
- 지휘관은 협상에 참가하지 않는다.
- 인질범의 요구 사항의 대가는 목표를 높여 제안한다(인
  질 전원의 석방 요구).
- 세상에 공짜는 없다: 모든 편의에 대가 요구
- 인질에 대한 관심은 최소화시켜 인질범이 과도한 협상
  력을 발휘하지 못하게 한다.
- 전력, 가스의 공급 차단을 통해 인질범의 걱정을 조종
  한다.

---

5 미국 FBI 연수 당시의 자료이다. 종종 막무가내로 현장을 지휘하려는 현장 지휘관이
   있다. FBI 위기 협상 가이드라인을 통해서 다시 한번 위기 협상팀에 의한 협상의 중요
   성을 강조하고 싶다. 현장 지휘관도 위기 협상의 특성을 알고 접근해야 한다.

정신 질환 유형별 협상 기법

이상경[6]

일반적으로 '협상'이란 이해 관계가 다른 당사자 양측이 대화와 논의 과정을 거쳐 서로 동의하는 하나의 결론을 도출해나가는 과정을 의미한다. 그러나 위기 협상관이 맞닥뜨리게 되는 협상 장면은 이성적이고 합리적인 외교적, 경제적 협상 상황과 다르다. 현장에 출동한 위기 협상관은 극도로 흥분하거나 분노한 협상 대상자(위기자)를 만나게 되며, 이들 중에는 정신 질환을 앓고 있는 자들이 있을 가능성도 있다.

정신 질환자는 일반인과 다른 독특한 의식과 사고 체계를 보인다. 협상의 기본은 '대화'이므로 정신 질환 위기자들과 대화를 진행해야 하는 협상관은 각 정신 질환의 증상과 심리적 특성에 대한 이해가 필요하다.

위기 협상관이 겪게 되는 정신 질환 위기자의 유형은 크

---

6   서울경찰청 과학수사대 소속으로, 2008년 범죄 분석 요원(프로파일러) 특채로 경찰에 입직해 2012년부터 서울경찰청 위기 협상 요원으로 활동하고 있다.

게 범죄자 유형, 정신증적 유형, 자살 시도 유형[7]으로 구분할 수 있다.[8]

범죄자 유형은 주로 대상자가 범죄를 저지르는 도중에 경찰이 출동하고 대치 상황이 벌어지면서 위기 협상관과 만나게 되는 유형이다. 이 유형의 위기자들은 처벌을 피하거나 도주하려는 동기를 갖고 있고, 자신에게 무엇이 유리하고 이익이 되는지 계산할 줄 안다. 다시 말해, 다른 유형의 위기자들에 비해 상대적으로 이성적이다. 반사회적 성격 장애나 사이코패스 성향을 가진 위기자들이 이 유형에 해당하는 경우가 많다.

정신증적 유형의 위기자는 우리가 흔히 '미쳤다'고 말하는 사람이다. 이들은 심각한 정신병적 증상을 보이며, 망상이나 비합리적인 신념에 의해 경찰과 대치하게 되는 경우가 많다. 이들은 자신만의 망상에 사로잡혀 사실이 아닌 것을 주장하거나 환청, 환시 등 환각 증상을 보이기도 한다. 관련된 정신 질환으로는 망상 장애, 조현병 등이 대표적이다.

7　4장 〈자살 시도 유형의 위기자 협상 기법〉을 참고하길 바란다.

8　Thomas Strentz, Ph.D, "Hostage/Crisis Negotiations : Lessons learned from the Bad, the Mad, and the Sad", 2013, p.3.

정신 질환 위기자 1 : 범죄자 유형

범죄자 유형 위기자의 특성

정신 질환 위기자 유형 중 범죄자 유형은 자신의 개인적 이익을 위한 목적을 쟁취하기 위한 수단으로 위기 상황을 벌인다. 이러한 위기 협상 상황에서 협상관은 반사회적 성격 장애가 의심되는 위기자를 접하게 되는 경우가 많다.

예를 들면, 배우자를 폭행하는 중에 이웃의 신고를 받고 경찰이 출동하자 흉기를 피해자에게 들이대며 경찰관에게 물러나라고 요구한다든지, 편의점 강도 범죄를 저지르는 중에 비상벨 신고를 받고 출동한 경찰관과 대치 상황을 벌이는 사건 등을 이러한 유형으로 의심해볼 수 있다. 2014년 서울에서는 노상에서 일면식도 없는 여성을 살해한 후 경찰관이 출동하자 빌라 주차장에 숨어 자신의 목에 칼을 대고 가까이 오면 죽겠다고 위협했던 협상 사건도 있었다(당시 경찰서 형사과장이 협상을 진행한 끝에 피의자는 흉기를 내려놓고 경찰에 투항했다).

이들은 자신이 협상관보다 뛰어나거나 똑똑하다고 생각하고, 실제로 경찰에 포위된 상황에서도 별로 긴장하거나 당황하지 않고 뛰어난 언변을 보인다. 생사가 걸린 인질극을 벌이는 와중에도 협상관에게 사건과 무관한 요구 사항을 내세워 조종하려 들고 마치 협상 상황을 게임처럼 생각하는 듯한 태도를 보이기도 한다. 인질을 죽이지 않기를 원한다면 푸쉬업을 하라고 한다든지 담배와 물 등을 가져오라고 지시하는 경우도 있다. 자신의 말에 협상관이 따르는 모습을 보고 우월감을 느끼기 때문이다.

범죄자 유형의 위기자는 기회를 엿보고, 경찰을 협박하고, 끊임없이 요구한다. 자기애가 강하기 때문에 살아서 나가고자 하는 욕망이 강하다. 따라서 이들은 흔히 자살이나 자해를 자신의 요구 사항을 관철시키기 위한 수단으로 활용하며, 자살에 대해 자주 언급하더라도 실제 자살 위험성은 다른 유형의 정신 질환 위기자들보다 낮은 편으로 평가된다. 원하는 것을 얻기 위해 자살하겠다고 위협하지만, 사실 죽고 싶은 생각은 없을 가능성이 높다.

요구 사항 또한 명백하게 자신에게 이익이 되는 것을 요구한다. 돈, 차량 등 이동 수단, 탈출, 선처의 약속 등 이기적인 요구 조건들을 내세우는 경우가 많다. 언제까지 반드시 요구 사항을 들어달라고 하는 등 데드라인을 사용해 경찰을 압박하기도 한다.

미국 정신의학회(APA, American Psychiatric Association)에 따르면, 반사회적 성격 장애의 진단 기준[9]은 다음과 같다.

> A. 다른 사람의 권리를 무시하고 침해하는 행태를 전반
> 적, 지속적으로 보이며 이러한 특징은 15세 이후에 시

---

9 APA 저, 권준수 외 역, 《DSM-5 정신질환의 진단 및 통계 편람(제5판)》, 학지사, 2015, p.719[Reprinted with permission from the Diagnostic and Statistical manual of Mental Disorders, Fifth Edition, (Copyright 2013). American Psychiatric Association.]

작된다. 다음 중 3가지 이상의 항목으로 나타난다.

∘ 반복적인 범법 행위로 체포되는 등 법률적 사회규범
을 따르지 않는다.

∘ 거짓말을 반복하거나 가명을 사용하거나 자신의 이
익이나 쾌락을 위해 다른 사람을 속이는 사기성이
있다.

∘ 충동적이거나 미리 계획을 세우지 않고 행동한다.

∘ 쉽게 흥분하고 공격적이어서 신체적인 싸움이나 타
인을 공격하는 일이 반복된다.

∘ 자신이나 타인의 안전을 무모하게 무시한다.

∘ 시종일관 무책임하다. 예컨대 일정한 직업을 꾸준히
유지하지 못하거나 당연히 해야 할 재정적 책임을
다하지 못한다.

∘ 다른 사람에게 해를 입히거나 학대하는 것 또는 다
른 사람의 물건을 훔치는 것에 대해 아무렇지도 않
게 느끼거나 합리화하는 등 양심의 가책을 느끼지
않는다.

B. 진단 당시 최소 만 18세 이상이어야 한다.

C. 만 15세 이전에 미국 정신의학회의 진단 기준에 따른
행실 장애(품행 장애)가 있었다는 증거가 있어야 한다.

D. 반사회적 행동이 조현병(정신 분열병)이나 조증의 발현
중에 일어난 것이 아니어야 한다.

반사회적 성격 장애의 가장 두드러진 특징은 '이기적'이

라는 점이다. 자신의 이익을 위해서는 타인을 이용하거나 법규를 위반하는 것도 개의치 않는다. 거짓말과 속임수가 특징이기 때문에 임상에서 진단을 내릴 때도 대상자의 진술만이 아닌 다른 주변에서 얻은 정보까지 포함해서 임상 평가를 할 것을 권고하고 있다.

이들은 사회적 규범을 잘 지키지 않아 대인, 대물 범죄 경력이 있는 경우도 흔하다. 물건을 훔치거나 타인을 괴롭히고, 가짜 이름을 사용하고 사기를 친다. 충동성이 강해 사소한 시비에도 타인을 폭행하거나 도박 등 무모한 일을 벌이기도 한다. 운전에서도 음주 운전, 반복적인 과속 운전, 수차례의 사고 경험 등 충동적인 면이 드러난다.

또한 반사회적 성격 장애자들은 무책임하고 기생적으로 살아가는 경향이 있다. 직업을 가질 기회가 있음에도 불구하고 장기간 무직 상태로 지내기도 하고, 아무런 대책이나 현실적인 고려 없이 직장을 그만두기도 한다. 충분히 일을 구할 능력이 있음에도 다른 가족들에게 부양받아 살아가거나 나라의 보조금에 의지해서 살아가는 것에 전혀 거부감이 없다.

반사회적 성격 장애자들이 가장 자주 사용하는 방어 기제는 '투사'와 '합리화'이다. 투사는 자신이 처한 상황을 다른 사람의 탓으로 돌리면서 자신은 잘못이 없다고 생각하는 방어 기제이다. 예를 들어, 방화범이 "내가 건물을 태운 것이 아니라 불이 건물을 태웠다"라고 하거나, 강간범이 "강간한 게 아니라 피해자가 거친 성관계를 원했다"라고 하는 것, 강도가 "강도를 안 당하고 싶었으면 그렇게 현금을 많이 들고 다니지 말았어야지"라고 말하는 것 등이 투사에 해당한다.

또한 이들은 자신의 범죄 행동에 대해 그럴듯한 이유를 대면서 합리화한다. 마약 판매를 하다가 검거되었는데 "다른 사람들이 마약을 팔지 않았다면 나도 팔지 않았을 거다"라고 한다거나, 연쇄 살인을 저지른 범인이 "사람은 어차피 죽는 존재다. 나는 그 속도를 조금 앞당겨주었을 뿐이다"라고 말하는 것이 전형적인 합리화의 예이다.

범죄자 유형 협상 가이드라인

범죄자 유형의 위기자들은 경찰에 포위당한 상황에서도 위축되거나 긴장하지 않고, 협상관의 우위에 서려 한다. 협상관은 공감적 경청을 통해 협상을 진행하되, 이들과 라포르를 쌓기가 쉽지 않다는 점과 빈틈을 보여서는 안된다는 점을 유념할 필요가 있다. 범죄자 유형 위기자와의 협상 지침은 다음과 같다.

① 협상관의 개인 정보를 위기자와 공유하지 않는다.
협상관이 자신의 개인 정보를 공개하는 전략은 자살 시도자들에게는 효과적일 수 있다. 그러나 반사회적 성격 장애자의 경우 협상관의 개인 정보를 캐낸 다음 이를 협상관의 약점으로 활용하려고 할 수 있다. 이들은 협상 과정

을 자신이 이겨야 하는 게임으로 생각하기 때문에 습득한 정보를 자신에게 유리하게 활용하려 한다.

② 위기자를 분주하게 만들어야 한다.
반사회적 성격 장애 위기자의 경우 자신이 상황을 주도하기 원하며 통제에 대한 강한 욕구를 가지고 있다. 따라서 이들에게 무언가 결정할 거리를 던져주거나 논의를 진행한다면 거기에 집중하기 때문에 인질을 해치지 않을 수 있다.

③ 반사회적 성격 장애자들에게 그들이 똑똑하고 지적이라는 표현을 사용한다.
실제로 그들은 스스로를 그렇게 생각하고 있기 때문에, 협상관은 그들이 듣고 싶어 하는 말을 해줌으로써 계속적으로 이들을 협상에 참여시킬 수 있다. "당신은 확실히 지금까지 제가 만나본 협상 대상자들보다는 뛰어나네요", "제가 하는 말이 무슨 말인지 당신같이 똑똑한 사람이라면 이해하겠지요" 등의 말에 긍정적인 반응을 보일 가능성이 높다.

④ 방어 기제로 투사와 합리화를 사용하고 있음을 이해하고 이를 이용한다.
범죄자 유형의 위기자들은 '나는 옳고 문제의 원인은 다른 사람에게 있다'라고 생각한다. 그래서인지 이 유형에

게는 죄책감을 기대하기 어렵다. '잡혀 있는 피해자를 애타게 기다리는 피해자의 가족들을 생각해보라'는 식의 말은 그들에게 협상관이 중요하게 생각하는 가치가 무엇인지 알려주는 것과 마찬가지이며, 오히려 그들은 경찰이 불리해지도록 이 점을 활용하려 할 것이다.

⑤ 범죄자 유형의 위기자들과 협상할 때는 협상관이 인질에게 가치를 부여하는 말을 하지 않고, 인질에게 관심을 갖고 있다는 것을 알리지 않아야 한다.
인질의 중요성이 높아지면 높아질수록 반사회적 성격 장애 위기자들은 인질을 위협함으로써 경찰을 압박하고 상황을 자신에게 유리하게 만들려 한다.

⑥ 범죄자 유형과의 협상은 반드시 현실 지향적이어야 한다.
이들은 위험한 상황에서도 별로 당황하지 않고 오히려 자극을 받는 경향이 있다. 매우 자기중심적이고 너무나 살기를 원하기 때문에 이들이 자살할 가능성은 낮은 편이다. 따라서 협상관은 상호 교환 원리로 협상에 임해야 하며, 이들은 협상관이 '현실적으로' 어떤 도움을 줄 수 있는지 언급할 때 더 유의미한 반응을 보일 것이다.

⑦ 범죄자 유형의 위기자에게는 사법 처리 과정에 대해 거짓말을 하지 않아야 한다.

이들은 이미 범죄 경력이 있을 가능성이 높다. 그렇기에 협상관에게 상황 이후의 처벌에 대해 물어보고 협상관이 거짓을 말하도록 유도한 다음, 이를 조롱하고 약점으로 사용하려 할 것이다.

* '범죄자 유형 위가자와의 협상 사례'는
  3장 〈사이코패스 인질범을 대하는 법: 안산 인질 살인 사건〉을
  참고하길 바란다.

정신 질환 위기자 2 : 정신증적 유형

정신증적 유형 위기자의 특성

위기 협상에서 빈번하게 만날 수 있는 또 다른 유형이다. 일반적으로 이해하기 어려운 신념을 주장하거나 환각 증상을 보이는 경우도 있다. 이러한 유형과 관련이 깊은 정신 질환은 망상 장애와 조현병이 있다. 미국 정신의학회에 나타나 있는 망상 장애와 조현병의 진단 기준[10]을 통해 이들의 특징을 살펴보자.

> 망상 장애 진단 기준
> **A.** 1개월 이상의 지속 기간을 가진 1가지(혹은 그 이상) 망

---

10 위의 책, p.97, pp. 106~107.

상이 존재한다.

B. 조현병의 진단 기준 A에 맞지 않는다.

주의점: 환각이 있다면 뚜렷하지 않고, 망상 주제와 연관된다. (예: 벌레가 우글거린다는 망상과 연관된 벌레가 꼬이는 감각)

C. 망상의 영향이나 파생 결과를 제외하면 기능이 현저하게 손상되지 않고 행동이 명백하게 기이하거나 이상하지 않다.

D. 조증이나 주요 우울 삽화가 일어나는 경우, 이들은 망상기의 지속 기간보다 상대적으로 짧다.

E. 장애가 물질의 생리적 효과나 다른 의학적 상태로 인한 것이 아니고, 신체이형 장애나 강박 장애와 같은 다른 정신 질환으로 더 잘 설명되지 않는다.

조현병 진단 기준

A. 다음 증상 중 2가지(혹은 그 이상)가 1개월의 기간(성공적으로 치료가 되면 그 이하) 동안 상당 부분의 시간에 존재하고, 이들 중 최소한 하나는 '망상' 내지 '환각' 혹은 '와해된 언어'여야 한다.

◦ 망상

◦ 환각

◦ 와해된 언어(예: 빈번한 탈선 혹은 지리멸렬)

◦ 극도로 와해된 또는 긴장성 행동

◦ 음성 증상(예: 감퇴된 감정 표현 혹은 무의욕증)

B. 장애의 발병 이래 상당 부분의 시간 동안 일, 대인관계 혹은 자기관리 같은 주요 영역의 1가지 이상에서 기능 수준이 발병 전 성취된 수준 이하로 현저하게 저하된 다(혹은 아동기 또는 청소년기에 발병하는 경우, 기대 수준의 대인 관계적, 학문적, 직업적 기능을 성취하지 못함).

C. 장애의 지속적 징후가 최소 6개월 동안 계속된다. 이 기간은 진단 기준 A에 해당하는 증상(예: 활성기 증상) 이 있는 최소 1개월(성공적으로 치료되면 그 이하)을 포함 해야 하고, 전구 증상이나 잔류 증상의 기간을 포함할 수 있다. 이러한 전구기나 잔류기 동안 장애의 징후는 단지 음성 증상으로 나타나거나, 진단 기준 A에 열거 된 증상의 2가지 이상이 약화된 형태(예: 이상한 믿음, 흔치 않은 지각 경험)로 나타날 수 있다.

D. 조현 정동 장애와 정신병적 양상을 동반한 우울 또는 양극성 장애는 배제된다. 왜냐하면 첫째, 주요 우울 또는 조증 삽회가 활성기 증상과 동시에 일어나지 않 기 때문이거나, 둘째, 기분 삽화가 활성기 증상 동안 일어난다고 해도 병의 활성기 및 잔류기 전체 지속 기 간의 일부에만 존재하기 때문이다.

E. 장애가 물질(예: 남용 약물, 치료 약물)의 생리적 효과나 다른 의학적 상태로 인한 것이 아니다.

F. 자폐 스펙트럼 장애나 아동기 발병 의사소통 장애의 병 력이 있는 경우, 조현병의 추가 진단은 조현병의 다른 필요 증상에 더해 뚜렷한 망상이나 환각이 최소 1개월

(성공적으로 치료되면 그 이하) 동안 있을 때에만 내려진다.

망상 장애와 조현병의 특징은 일반적이지 않고 비합리적인 믿음과 이상한 행동이다. 현실 검증력이 손상되어 있는데, 정도에 있어서는 망상 장애보다 조현병이 훨씬 더 심각하다. 망상 장애 환자의 주장은 얼핏 들어서는 그러한 일이 있을 법도 한 반면(확인해보면 실제는 그렇지 않기 때문에 '망상'이라고 할 수 있다), 조현병 환자의 주장은 누가 들어도 말이 되지 않는 터무니없는 믿음을 가지고 있다. 예를 들어, 망상 장애 환자가 "우리 집에 바퀴벌레가 득실거려요. 제가 잠이 들면 침대 밑에서 나와서 제 몸을 기어다닙니다"라고 한다면, 조현병 환자는 "정부에서 제 뇌에 칩을 심어놨습니다. 제가 생각하는 것을 컴퓨터에 저장합니다"라고 하는 식이다.

일상생활 기능도 조현병 환자가 훨씬 더 손상되어 있다. 망상 장애는 망상 부분을 제외하고는 정상인처럼 먹고 씻고 자고, 직장에 출근해서 활동도 하는 반면, 적절히 치료받지 못한 조현병 환자는 자기관리가 잘 되지 않고 직업적, 사회적으로도 어려움을 겪는 경우가 많다.

망상 증상을 보이는 사람은 자신의 신념이 비합리적임에도 불구하고 매우 고착되어 있어서 아무리 반대되는 증거를 제시해도 생각에 전혀 변함이 없고, 생활 전반에 걸쳐 망상으로 인한 부적응을 경험하면서도 수정하려 하지 않는다. 조현병의 경우에도 이러한 쉽게 변경되지 않는 고

정된 믿음을 보인다.

망상의 주제는 매우 다양한데, 망상의 내용에 따라 피해 망상, 관계 망상, 과대 망상, 색정 망상, 허무 망상, 신체 망상 등으로 구분된다. 피해 망상은 자신이 누군가에 의해 해를 입거나 괴롭힘을 당할 것이라는 믿음으로, 가장 흔하게 나타난다. 관계 망상은 어떤 동작이나 말, 주변의 단서들이 자신을 겨냥한 것이라고 믿는 것이다. 예를 들면, 자신이 거실에 나갈 때마다 TV에 있는 인물이 웃기 시작하면서 자신을 비웃는다고 생각한다. 과대 망상은 자신이 특별한 능력이나 부, 명성을 가졌다고 생각하는 것으로, 스스로를 신이라고 주장하기도 한다. 색정 망상은 다른 사람이 자신을 사랑하고 있다고 잘못 믿는 것으로, 유명 인사와 자신이 비밀 연애를 하고 있다고 믿는 경우가 흔하다. 허무 망상은 지구 멸망 등 대참사가 일어날 것이라고 믿는 것이며, 신체 망상은 건강에 문제가 있다고 생각하거나 장기 기능에 대해 집착하는 것으로 나타난다.

정신증적 유형 협상 가이드라인

정신증적 유형의 위기자들은 자기만의 세계에 고착되어 있는 데다 사회적 기술이 부족하기 때문에 대화를 나누기가 상당히 어려운 그룹이다. 그럼에도 불구하고 적극적 청취 기법은 여전히 효과가 있다. 이들은 심리적으로 굉장한 괴로움을 경험하지만, 자신의 힘든 점을 이해해주는 사람이 없고 사회적으로 고립되어 있는 경우가 많다. 위기 협상관은 이들이 주로 자신이 당하고 있는 괴로움이나 주장을 외부로 표현하고자 하는 동기에서 위기 상황을 벌인다는 점을 이해할 필요가 있다. 정신증적 유형 위기자와의 협상 지침은 다음과 같다.

① 시간을 끈다.
정신 질환을 앓고 있는 위기자가 계속적으로 자신의 감정을 협상관에게 표출하게 만들고, 위로를 받도록 만들어야 한다. 정신증적 유형의 위기자에게 가장 효과적인 협상 기법의 첫 번째는 위기자에게 계속 이야기하고 욕을 하고 소리치고 자신의 망상에 대해 말하게 하는 것이다. 이런 전략을 통해 위기자의 표현적 욕구를 충족시킬 수 있다.

② 위기자가 터무니없는 말을 하더라도 위기 협상관은 관심을 기울이고 경청한다.
아마도 그동안 그들의 말에 귀를 기울여준 사람은 아무도 없었을 것이다. 그래서 자신의 말을 진지하게 들어주는 것만으로도 상대방에게 호감을 느끼게 될 가능성이 높다. 또한 정신증적 유형의 위기자는 불안이 상당히 높은데, 이들이 계속 말을 하게 만듦으로써 시간을 벌 수 있는 동시에 이들의 불안 정도도 감소시킬 수 있다.

③ 관계나 신뢰가 일반적인 수준으로까지 발전할 것으로

기대하지 말아야 한다.

정신증적 유형의 위기자의 경우는 정신 질환이 심각한 수준이기 때문에 (특히 피해 망상의 경우) 상대방에 대한 의심을 잘 거두지 못한다. 협상관이 "절 믿으세요"라고 하면 할수록 이들은 더욱 의심하게 된다. 직설적으로 믿으라고 말하는 것은 역효과를 야기할 가능성이 크므로 협상관은 경청을 통해 이들과 자연스럽게 천천히 관계를 발전시켜 나가야 한다.

망상형 조현병 환자는 대인 관계에 대한 기질적 문제가 있기 때문에 어떤 사람과 관계가 너무 가까워졌다고 판단되면, 오히려 의심하고 불신하며 속을 감추려 하기도 한다.

④ 협상이 잘 진행되어 투항하려고 하다가 갑자기 불안해하면서 돌변하는 때도 있으므로 마지막까지 강제 진압 준비는 유지할 필요가 있다.

⑤ 망상의 내용에 대해 논박하지 않는다.

정신증적 유형의 위기자들은 정신적 문제로 인해 그러한 신념을 가지고 있는 것이기 때문에 이들을 논리적으로 설득하기란 불가능하다. 아무리 말이 안 되는 내용이라도 이들에게는 자신이 경험하고 있는 현실이고 사실이기 때문에 협상관이 망상을 부정한다면 위기자들은 오히려 반감을 갖게 된다. 망상의 옳고 그름에 대해 논쟁하기보다는 그러한 망상으로 인해 겪었던 괴로움과 고통에 초점을 맞추는 것이 바람직하다. 예를 들어, 위기자가 "외계인이 머리에 생각을 주입하고 있다"라고 말한다면 "이 세상에 외계인은 없습니다. 잘못 생각하시는 거예요. 불안해하실 필요가 없습니다"라고 말하는 것은 협상에 도움이 되지 않는다. "그동안 정말 힘드셨겠어요"라고 이들의 감정적 측면에 초점을 맞추어 대화하는 편이 바람직하다.

⑥ 협상관은 위기자에게 진실성을 보여야 한다.
위기자에게 가까이 다가가려는 마음에서 협상관도 망상을 경험하는 것처럼 허위로 얘기해서는 안 된다. 협상관은 동의와 공감을 구분해야 하는데, 위기자가 저승사자가 보인다고 하는 환시에 대해 "그러게요. 정말 무시무시하군요. 저기 서 있는게 보입니다"라고 말하는 것이 동의라면 "저는 보이지 않네요. 그렇지만 정말 두려우시겠어요"라고 말하는 것이 공감이다. 망상에 대해 섣불리 동의하는 것은 매우 위험한 행동이다. 위기자가 "저승사자가 무슨 옷을 입고 있죠?"라고 협상관을 테스트한다면, 뭐라고 답변할 것인가? 이에 대해 적절히 대답하지 못한다면 위기자는 협상관이 자신을 속였다고 생각할 것이고, 신뢰관계가 회복하기 어려울 정도로 손상될 수도 있다.

⑦ 제3중재인 투입은 협상에서 기본적으로 매우 조심스럽게 접근해야 할 주제이지만, 특히 정신증적 유형의 위기자의 경우에는 더욱 유의할 필요가 있다.

그간 정신 질환으로 인해 가족 및 친구들과의 관계가 악화되어 있을 가능성이 높고, 가족 내의 역동이 부정적이거나 친구들에 대한 감정이 좋지 않을 수 있다. 따라서 가족이나 친구가 협상에 참여하는 경우, 위기자들이 자신의 힘을 보여주기 위해 극단적인 행동을 할 우려가 있다.

⑧ 언론 인터뷰를 요구하는 경우 자살을 그만두거나 인질을 풀어주는 조건으로 긍정적으로 검토한다.

정신증적 유형의 위기자와는 대화의 주제를 찾기가 어려운 경우가 많은데, 만약 위기자가 언론 인터뷰에 대해 관심을 보이는 경우 좋은 대화 주제가 될 수 있다. 언론에 노출됨으로써 위기자는 자신의 망상과 관련된 표현 욕구를 만족시킬 수 있다. 그동안 자신이 계속 얘기해왔지만 아무도 관심을 보이지 않았는데, 언론 기자와 카메라 촬영기사가 몰려들어 자신의 이야기를 들어주기 때문이다. 뿐만 아니라, 누군가 자신을 해치려 한다는 망상을 가진 경우(심지어 경찰도 자신을 해칠 것이라고 믿을 수도 있다), 언론을 통해 자신의 모습이 대중에 공개되는 것이 자신의 안전을 확보하는 길이라고 믿기도 한다. 이때 협상관은 언론 공개를 조건으로 위기자에게 위험한 행동을 그만해달라고 협상할 수 있다.

---

* '정신증적 유형 위가자와의 협상 사례'는
  3장 〈인질 협상이 적용된 최초의 사건: 압구정역 제과점 인질 사건〉을
  참고하길 바란다.

자살 시도 유형의
위기자 협상 기법

자살 시도 유형 위기자의 특성

자살 시도 유형은 앞서 살펴본 범죄자 유형이나 정신증적 유형에 비해 (당연한 말이기는 하지만) 자살 위험성이 매우 높은 유형이다. 다른 유형의 위기자들은 협상관이 거래 조건을 내세우며 상호 교환을 할 수 있는 가능성이 있으나, 자살 시도 유형 위기자는 이들이 협상관에게 바라는 것이 없다 보니 협상관도 이들에게 무언가를 하거나 하지 말라고 요구하기가 어렵다.

자살 시도 위기자는 협상 현장에서 점점 증가해 이제는 위기 상황의 대부분을 차지하고 있는 유형이다. 이들은 우울하거나 절망한 상태로, 삶의 괴로움을 끝낼 유일한 해결책이 자살이라고 생각한다. 자살 시도 유형과 관련이 있는 정신 질환은 우울 장애와 양극성 장애가 있다.

주요 우울 장애 진단 기준[11]

A. 다음의 증상 가운데 5가지(또는 그 이상)의 증상이 2주 연속으로 지속되며 이전의 기능 상태와 비교할 때 변화를 보이는 경우, 증상 가운데 적어도 하나는 우울 기분이거나 흥미나 즐거움의 상실이어야 한다.

- 하루 중 대부분 그리고 거의 매일 지속되는 우울 기분에 대해 주관적으로 보고(예: 슬픔, 공허감 또는 절망감)하거나 객관적으로 관찰됨(예: 눈물 흘림 / 주의점: 아동·청소년의 경우는 과민한 기분으로 나타나기도 함)

- 거의 매일, 하루 중 대부분, 거의 또는 모든 일상 활동에 대해 흥미나 즐거움이 뚜렷하게 저하됨

- 체중 조절을 하고 있지 않은 상태에서 의미 있는 체중의 감소(예: 1개월 동안 5% 이상의 체중 변화)나 체중의 증가, 거의 매일 나타나는 식욕의 감소나 증가가 있음(주의점: 아동에서는 체중 증가가 기대치에 미달되는 경우)

- 거의 매일 나타나는 불면이나 과다 수면

- 거의 매일 나타나는 정신운동 초조나 지연(객관적으로 관찰 가능함. 단지 주관적인 좌불안석 또는 처지는 느낌뿐만이 아님)

- 거의 매일 나타나는 피로나 활력의 상실

- 거의 매일 무가치감 또는 과도하거나 부적절한 죄책

---

11 위의 책, pp. 169~170.

감(망상적일 수도 있는)을 느낌(단순히 병이 있다는 데 대한 자책이나 죄책감이 아님)

○ 거의 매일 나타나는 사고력이나 집중력의 감소 또는 우유부단함(주관적인 호소나 객관적인 관찰 가능함)

○ 반복적인 죽음에 대한 생각(단지 죽음에 대한 두려움이 아님), 구체적인 계획 없이 반복되는 자살 사고, 또는 자살 시도나 자살 수행에 대한 구체적인 계획

B. 증상이 사회적, 직업적, 또는 다른 중요한 기능 영역에서 임상적으로 현저한 고통이나 손상을 초래한다.

C. 삽화가 물질의 생리적 효과나 다른 의학적 상태로 인한 것이 아니다.

D. 주요 우울 삽화의 발생이 조현 정동 장애, 조현병, 조현 양상 장애, 망상 장애, 달리 명시된 또는 명시되지 않는 조현병 스펙트럼 및 기타 정신병적 장애로 더 잘 설명되지 않는다.

E. 조증 삽화 혹은 경조증 삽화가 존재한 적이 없다.

양극성 장애 진단 기준[12] (DSM-5)

조증 삽화

A. 비정상적으로 들뜨거나, 의기양양하거나, 과민한 기분, 그리고 목표 지향적 활동과 에너지의 증가가 적어도 일주일간(만약 입원이 필요한 정도라면 기관과 상관없이)

---

12 위의 책, pp. 132~145.

거의 매일, 하루 중 대부분 지속되는 분명한 기간이 있다.

B. 기분 장애 및 증가된 에너지와 활동을 보이는 기간 중 다음 증상 가운데 3가지(또는 그 이상)를 보이며(기분이 단지 과민하기만 하다면 4가지) 평소 모습에 비해 변화가 뚜렷하고 심각한 정도로 나타난다.

○ 자존감의 증가 또는 과대감

○ 수면에 대한 욕구 감소(예: 단 3시간의 수면으로도 충분하다고 느낌)

○ 평소보다 말이 많아지거나 끊기 어려울 정도로 계속 말을 함

○ 사고의 비약 또는 사고가 질주하듯 빠른 속도로 꼬리를 무는 듯한 주관적인 경험

○ 주관적으로 보고하거나 객관적으로 관찰되는 주의 산만(예: 중요하지 않거나 관계없는 외적 자극에 너무 쉽게 주의가 분산됨)

○ 목표 지향적 활동의 증가(직장이나 학교에서의 사회적 활동 또는 성적 활동) 또는 정신운동 초조(예: 목적이나 목표 없이 부산하게 움직임)

○ 고통스러운 결과를 초래할 가능성이 높은 활동에의 지나친 몰두(예: 과도한 쇼핑 등 과소비, 무분별한 성행위, 어리석은 사업 투자 등)

C. 기분 장애가 사회적, 직업적 기능의 현저한 손상을 초래할 정도로 충분히 심각하거나 자해나 타해를 예방

하기 위해 입원이 필요, 또는 정신병적 양상이 동반된
다.

D. 삽화가 물질(예: 남용 약물, 치료 약물, 기타 치료)의 생리
적 효과나 다른 의학적 상태로 인한 것이 아니다.

* 주의점: 진단 기준 A부터 D까지는 조증 삽화를 구성한
다. 일생 동안 적어도 1회는 조증 삽화가 있어야 제I형 양
극성 장애로 진단될 수 있다.

경조증 삽화

A. 비정상적으로 들뜨거나, 의기양양하거나, 과민한 기
분, 그리고 활동과 에너지의 증가가 적어도 4일 연속
으로 거의 매일, 하루 중 대부분 지속되는 분명한 기간
이 있다.

B. 조증 삽화의 B 내용과 동일하다.

C. 삽화는 증상이 없을 때의 개인의 특성과는 명백히 다
른 기능의 변화를 동반한다.

D. 기분의 장애와 기능의 변화가 객관적으로 관찰될 수
있다.

E. 삽화가 사회적, 직업적 기능의 현저한 손상을 일으키
거나 입원이 필요할 정도로 심각하지는 않다. 만약 정
신병적 양상이 있다면, 이는 정의상 조증 삽화다.

F. 삽화가 물질(예: 남용 약물, 치료 약물, 기타 치료)의 생리적
효과로 나타난 것이 아니다.

제I형 양극성 장애

A. 적어도 1회의 조증 삽화를 만족한다.

B. 조증 및 주요 우울 삽화는 조현 정동 장애, 조현병, 조
현 양상 장애, 망상 장애, 달리 명시된, 또는 명시되지
않는 조현병 스펙트럼 및 기타 정신병적 장애로 더 잘
설명되지 않는다.

제II형 양극성 장애

A. 적어도 1회의 경조증 삽화와 적어도 1회의 주요 우울
삽화(주요 우울 장애의 진단 기준 A)의 진단 기준을 만족
시킨다.

B. 조증 삽화는 1회도 없어야 한다.

C. 경조증 삽화와 주요 우울 삽화의 발생이 조현 정동 장
애, 조현병, 조현 양상 장애, 망상 장애, 달리 명시된
또는 명시되지 않는 조현병 스펙트럼 및 기타 정신병
적 장애로 더 잘 설명되지 않는다.

D. 우울증의 증상 또는 우울증과 경조증의 잦은 순환으
로 인한 예측 불가능성이 사회적, 직업적, 또는 다른
중요한 기능 영역에서 임상적으로 현저한 고통이나
손상을 초래한다.

주요 우울 장애는 우리가 흔히 '우울증'이라고 생각하는
증상들을 포함한다. 제I형 양극성 장애는 조증 삽화의 증
상을 보이는 경우로, 우울한 증상이 나타나지 않더라도

진단된다. 이에 반해, 제II형 양극성 장애는 조증보다는 다소 경미한 경조증 삽화와 우울 삽화를 모두 경험한(우리가 흔히 '조울증'이라는 단어에서 연상할 수 있듯이 들뜬 기분과 우울한 기분이 동시에 나타나는) 경우에 해당한다.

우울 장애나 양극성 장애를 경험하는 개인들은 기분을 조절하는 데 어려움을 겪는다. 우울한 상태일 때는 무가치함, 무망감, 자기혐오, 불행감을 경험하고, 죽음에 대해 생각하거나 자살 계획을 세우고 시도하기도 한다. 조증 증상일 때도 기분은 매우 불안정하다. 매우 행복하고 고양된 느낌, 무엇이든지 할 수 있을 것만 같은 기분이 들다가도 불쾌감, 과민감이 들기도 한다. 조증 상태에서는 의기양양한 기분, 과도한 낙관주의, 잘못된 판단력 등으로 인해 무모하고 위험한 행동을 저지르기도 하는데 이로 인해 법적인 문제에 연루될 가능성도 있다.

우울 장애와 양극성 장애 모두 자살 위험성이 매우 높은 정신 질환이다. 주요 우울 장애의 경우 우울한 증상이 나타내는 동안 자살의 우려는 항상 존재한다. 자살 사고는 단순히 아침에 일어나고 싶지 않다는 소극적인 생각에서부터 반복적으로 자살을 생각하고, 자살 방법을 구체적으로 계획하고 결국 시도하는 등 매우 광범위하게 나타날 수 있다. 고통스러운 기분 상태가 계속되다 보니 이들은 너무나 지쳐 삶을 그만두고 싶고, 죽지 않고서는 이 고통에서 벗어날 수 없다고까지 생각하게 되는 것이다. 양극성 장애 환자 또한 평생 자살 위험도가 일반 인구에 비해

약 15배가 더 높다.[13] 이들의 기분은 조증 상태에서 빠른 속도로 분노 또는 우울 기분으로 바뀔 수 있다.

자살 시도 유형 협상 가이드라인

일선 경찰관들을 대상으로 위기 협상 교육을 실시하다 보면, 간혹 "경찰 협상관은 정신 질환에 대한 전문적 지식도 없는데 정신 질환자에게 적절히 대응할 수 있을까요?" 혹은 "정신과 전문의를 불러서 얘기하게 하는 게 낫지 않을까요?" 등의 질문을 받는다. 그러나 위기 상황에서 요구되는 협상관의 역할은 정신 질환을 치료하거나 증상을 완화하는 게 아니다. 당장 해결해야 하는 일은 눈앞에 닥친 급박한 위기 상황을 해소하는 것이며, 경찰관은 어떤 집단보다도 사건 사고를 해결하는 데 탁월한 능력이 있다.

만약 자살 시도자가 위기 협상관이 현장에 도착할 때까지 자살을 망설이고 있다면, 그 자체만으로도 상황이 절망적이지는 않다. 최소한 위기자가 자살에 대한 양가감정[14]을 느끼고 있고 확실한 결정을 내리지 못했다는 증거이기 때문이다. 협상관은 자살 시도자의 감정을 누그러뜨리고, 자살하는 것이 최선의 선택인지에 대한 의구심을 들게 만

---

13 위의 책, p.139.

14 자살을 기도하는 사람들은 모두 공통적으로 자살에 대해 양가감정을 가진다고 알려져 있다. 양가감정은 '죽고 싶은 동시에 모순적이지만 죽고 싶지 않다'는 감정이다.

듦으로써 자살을 포기하게 하는 것에 목표를 둬야 한다.

① 최대한 시간을 끄는 전략은 자살 시도자와의 협상에도 매우 효과적이다.

일반적으로 자살 위기 상황은 시간에 제한적이며, 급박한 자살 시도자들이 자살을 결정하지 못한 상태로 24~48시간 이상을 버티는 것은 물리적, 생리적으로도 불가능하다. 자살을 완결하기까지 긴장감, 공포, 수많은 갈등과 생각으로 인해 체력적으로 장시간을 버티기 어렵기 때문이다. 과거 10여 년간 서울경찰청 위기 협상팀에서 출동한 자살 시도 사건을 분석해보면, 대부분 4시간 이내, 90% 이상이 6시간 이내에 자살을 포기하는 것으로 확인되었다.

② 위기자들의 이야기를 적극적으로 공감하고 경청한다.

자살을 결심할 만큼 무엇이 고통스러운지 판단하지 않고, 들어주고, 질문하고, 공감해주면 그들의 심리적 고통을 경감시킬 수 있다. 공감과 위로는 진통제와 같은 효과를 발휘한다. 협상관과 대화를 나누면서 본인의 정서적 고통이 감소하면, 자살 시도자들은 현실을 보다 견딜 만한 것으로 생각하게 된다.

③ 자살에 대해 직접적으로 질문하고 대화를 나눈다.

자살 시도자들은 그동안 자살에 대해 많은 시간 생각하고 고민했음에도 아무에게도 속 이야기를 터놓고 하지 못했을 가능성이 크다. 자살이라는 주제는 사회적으로 금기에 가깝기 때문이다. 협상관은 "혹시 나쁜 생각을 하는 건 아니죠?", "극단적인 생각은 하지 마세요" 등 자살을 에둘러 표현하거나 부정적으로 말하지 않고 직접적으로 "자살하려고 생각하시나요?" 혹은 "왜 자살을 하시려는 건가요?" 라고 질문하는 것이 좋다.

④ 양가감정을 이해하고 활용해야 한다.
자살 시도자들은 자살밖에는 방법이 없다고 생각하면서도 삶을 선택할지 죽음을 선택할지 100% 확신하지 못해 혼란스러워 한다(죽느냐 사느냐 그것이 문제로다. 그 유명한 〈햄릿〉의 대사를 떠올려보라). 협상관은 위기자에게 과연 자살이 마지막 해결책이라고 확실히 말할 수 있을 정도로 정말 모든 방법을 다 고려해보았는지 물어보고, 관련 내용으로 대화를 나눔으로써 위기자의 선택에 의심이 들게 만들 수 있다. 협상관이 함께 방법을 고민해보면 위기자가 고려하지 않았던 다른 해결책이 떠오를 수도 있다. 이때 협상관은 "단지 한 사람(협상관)만 더했을 뿐인데 이런 방법을 찾을 수 있었다. 여러 사람에게 도움을 요청해보면 더 많은 길이 있을 수 있다"라고 위기자를 설득할 수도 있다.

⑤ 자살 시기에 대해서도 의심하게 만들어야 한다.
자살 시도자에게 "왜 오늘 죽으려고 하죠? 오늘만 날이 아닙니다. 하루 더 고민해보고 정 아니다 싶으면 내일 자

살할 수도 있잖아요"라고 말해보자. 협상관과 대화를 나누면서 심리적 고통이 줄어든 위기자들은 조금 더 삶을 견딜 수 있게 되어 자살 지연을 고려하게 된다.

⑥ 다른 협상 상황과 마찬가지로 제3중재인의 투입은 극히 유의해야 한다.

위기자가 평소 가족이나 친구와 어떤 관계에 있었는지 협상관이 알기 어려울 뿐만 아니라, 자살에 이를 정도로 힘든 상황이었다면 가까운 사람과도 문제가 있었을 가능성이 있다. 특히 위기자가 협상 상황 초기에 누군가를 불러달라고 먼저 협상관에게 요구할 경우, 해당 인물이 위기자와 직접적인 갈등 관계에 있는 당사자는 아닌지 확인해 볼 필요가 있다. 누군가에 대한 분노나 배신감으로 자살을 기도한 사람은 상대방이 보는 앞에서 자살로써 복수를 하려고 할 수 있다.

⑦ 자살 시도 상황이라고 하더라도 자해, 타해 직전이라고 판단되면 바로 작전팀이 진입할 수 있도록 준비해야 한다.

자살 시도자 중 폭력성이 높은 사람은 타인에게 공격적인 행동을 보일 가능성이 있다. 죽고 싶은 상태이기 때문에 처벌을 두려워하거나 상황을 자신에게 유리하게 마무리 짓고 싶은 욕구도 더 적다. 따라서 자살 시도자가 누군가를 인질로 잡고 있다면 협상팀은 오히려 이들이 앞서 살펴본 범죄자 유형보다 인질을 해할 가능성이 더 높다고 판단한다. 자살 시도자 대부분이 '이판사판', '너 죽고 나 죽자'라는 마음가짐을 갖고 있기 때문이다.

자살 시도자 중재 구조[15]

탐색과 질문

최초로 자살 시도자와 대면하게 되면 모든 위기 협상관은 긴장하게 된다. 위기 협상관이 불안한 감정으로 대화를 시작하게 되면, 이러한 감정이 그대로 상대방에게 전달될 수 있다. 협상관 자신의 감정을 들여다보면서 자살 시도자의 감정에 초점을 맞추고 대화를 해야 한다.

자살 시도자가 보내는 여러 형태의 자살 신호를 민감하게 인식해야 하는 자살 예방과 달리 자살 시도 상황은 명백하게 위기자가 자살 신호를 외부로 표현하고 있는 것이다. 그래서 위기 협상관은 명백한 자살 신호를 인식하고 있음을 위기자에게 알려야 한다. 최초의 발언은 자살 시도자의 감정 인정을 통해 위기 협상관이 '당신의 감정과 고민을 이해하고 있습니다'라는 메시지를 전달하고, 자살 생각에 대해 직접적이고 분명하게 질문하는 것이다. 예를 들면, "많이 지치고 힘들어 보이세요. 지금 고통스러워서

---

15   ㈜CNS의 '자살 시도 중재 협상 프로그램'에서 인용했다.

자살을 생각하고 계시는 건가요?"라고 질문을 한다. 자살 예방 교육에서처럼 단순히 자살 생각에 대해서만 질문하면 자살 시도자는 자신의 자살 신호를 무시당했다고 생각할 수 있다. 또 위기 협상관이 위기자의 고통스러운 감정을 인식하고 있음을 알 수 있도록 감정 인정을 한 후 자살에 대해 질문해야 한다. 그래야만 자살 시도자는 자살을 문제 해결이 아닌, 죽음과 연계시키면서 자신의 위험성을 자각하게 된다.

자살 시도 상황에서 협상관은 위기자에게 자살 생각에 대해 직접적이고 분명하게 질문하기를 꺼리기도 한다. 가장 큰 이유는 혹시나 위기자를 자극해서 위기자가 자살을 실행에 옮길까봐 두렵기 때문이다. 자살 시도자에게 자살은 죽음이 아니라 문제 해결과 같다. 그리고 자신이 고통스러워 자살까지 생각하고 있지만, 아무도 그것에 대해 물어봐 주지 않았기 때문에 시도 상황에까지 이르게 된 것이다. 자살 시도자에게 자살 생각에 대해 직접적이고 분명한 질문[16]을 통해 자살 시도자는 자살과 죽음을 연계시키고, 자신의 자살 생각을 위기 협상관이 인식하고 있음을 느끼면서 죽으려는 이유를 말하고 싶은 감정이 발생하게 된다.

자살 시도자와는 항상 안전 거리를 유지하는 게 중요하다. 급작스럽게 접근하면, 위기자는 반사적으로 위험한 행동

---

16 필자는 "지금 자살하려고 하시나요?"라고 질문하기도 한다. 상황상 자살 시도자는 자살 생각을 넘어서 자살을 시도하려고 하므로 이렇게 질문해도 좋다고 생각한다.

을 할 수 있으므로 조심스럽게 접근해야 하며, 대화가 가능한 거리에서 더 이상 접근하지 않고 중재를 해야 한다.

적극적 청취 기법

적극적 청취 기법을 사용해 자살 시도자가 자살하려는 이유를 충분히 애기할 수 있도록 해야 한다. 자살에 대한 질문으로 자신의 속마음이 읽혔다고 느끼면 자살 시도자는 위기 협상관에게 신뢰의 감정이 생기게 되고, 자신이 왜 자살까지 생각하게 되었는지 이유들을 털어놓게 된다.
이때 위기 협상관은 자살 시도자의 감정에 초점을 맞추고 적극적 청취 기법을 활용해 '나는 당신의 감정과 고민에 관심이 있고, 도움을 드리고 싶습니다'라는 메시지를 전달하도록 노력해야 한다. 이런 메시지 전달은 도움 제공자의 "이해합니다"와 같은 발언으로 달성할 수 없다. 대화를 통해 자살 시도자가 이런 메시지를 전달받을 수 있도록 해야 하고, 그렇게 느끼게 해주는 가장 유효한 방법이 적극적 청취 기법이다.
자살 시도자가 말하는 죽고 싶은 원인들의 문제를 해결해주기보다는 그 원인들로 인해 느끼는 고통의 감정을 다루어주어야 한다. 문제를 해결하는 시간이 아니라, 죽으려는 이유로 인한 고통받고 있는 위기자의 감정을 풀어주는 시간인 것이다.
적극적 청취를 통해 공감 대화를 하고, 신뢰 관계가 형성된다면 위기 협상관은 위기자에게 영향력을 갖게 된다. "계속 말씀해주세요", "중요한 얘기를 해주셔서 정말 감사합니다", "다른 이유는 없나요?"라고 하면서 위기자가 자살하려는 이유를 충분히 얘기할 수 있도록 해야 한다. 먼저 자살 시도자가 죽으려는 이유를 충분히 들어주고, 살아야 하는 이유를 찾을 수 있게 위기 협상관이 도와주어야 한다. 하지만 많은 위기 협상관이 듣기의 효과와 중요성을 잘 알고 있으면서도 시간에 쫓겨서 문제 해결에 치중하는 실수를 자주 한다. 시간이 장기화된다 해도 이제까지 아무 일이 벌어지지 않았다면 대화가 순조롭게 이루어지고 있는 것이다.

세상에 사람의 생명을 살리는 것보다 중요한 일은 없다. 시간의 경과는 위기 협상관에게 유리하게 작용하므로, 여유를 가지고 자살 시도자의 말을 잘 들어주어서 그 속에 잠재되어 있는 아픈 감정까지 공감하려고 노력해야 한다. 그렇게 신뢰 관계가 형성되었다면 다음 단계로 넘어갈 수 있다. 자살 시도자가 자살을 거부한다든가 미래나 지지 자원에 대해 관심을 보인다면 신뢰 관계가 형성되었다고 볼 수 있다.

안전 확보

신뢰 관계가 형성되었다고 느낀다면 위기 협상관은 자살 시도자를 안전하게 할 수 있는 방법을 제안해야 한다.

자살 시도자에게 최초 대면부터 안전한 장소로 이동만을 계속 요구한다면, 위기 협상관이 자신의 감정보다는 신속한 문제 해결에 치중하고 있다고 느끼게 된다. 안전 확보는 빠르면 빠를수록 좋지만, 신뢰 관계가 형성되지 않은 상태에서는 오히려 부정적인 효과를 가져올 수 있다. 조금이라도 신뢰 관계가 형성되었다고 느껴지면 주저하지 않아야겠지만 시기상조라고 느껴지면 우선 듣기를 통해 신뢰 관계를 형성해야 한다.

자살 시도에서의 안전 확보는 영구적인 대책이 아니라 지금 당장 위기자를 안전한 상황에 위치시키는 것이다. 위기자가 안전한 상황에 놓였다면 그다음 다양한 지지 자원을 위기자에게 연결해줄 수 있다. 지지 자원을 많이 연결하면 할수록 위기자의 안전성은 높아지고, 위기 협상관의 부담은 감소한다.

탐색과 질문	적극적 청취	안전 확보
• 거리 유지 • 감정 인정 • "너무 힘들어서 자살을 생각하고 계시는 건가요?" • 명백한 자살 징후를 파악하고, 감정을 인정하면서 자살 생각에 대해 질문하기	• 위기자의 감정에 초점 • 적극적 청취 기법을 활용 • 신뢰 관계 형성 • 시간 경과의 중요성 • 죽으려는 이유와 살아야 하는 이유	• 신뢰 관계 형성 및 삶의 측면을 느끼게 하면서 안전 제안 • 지역 자원 활용 및 연계

자살 시도자 위기 개입 구조

자살 시도 유형 협상 사례

2021년 2월 1일 저녁, "빌딩 옥상 난간에 여성이 기대어 있는데 떨어질 것 같다"는 신고가 들어왔다. 경찰과 소방관이 출동해 건물 앞 노상에 에어매트를 설치하고 옥상으로 올라가 뛰어내리려는 위기자를 만류하려 했으나, 위기자는 옥상 난간 밖에서 옆으로 왔다 갔다 하면서 매우 위태로운 모습을 보였다. 협상팀이 사건 현장에 도착했을 때는, 위기자가 경찰에 강한 거부감을 나타내어 출동 경찰관은 옥상에서 철수하고 구급대원이 옥상 난간 철조망 안쪽에서 손을 뻗어 철조망 너머 위기자의 몸을 붙잡고 뛰어내리지 못하도록 잡고 있는 상황이었다.

위기자는 구급대원에게 계속 "전 남자친구를 데려와달라"고 요구했다. 그날 그녀는 건물 옥상에 오르기 직전 전 남자친구의 사무실에 찾아갔었다. 그런데 전 남자친구가 나가라고 해도 나가지 않고 있다가 퇴거불응으로 112에 신고되었고, 전 남자친구가 입건을 원하지 않는다고 해 구두 경고 후 귀가 조치되었던 것이다.

협상팀은 소방서에서 전 남자친구를 옥상으로 데리고 가려는 것을 보고 바로 저지했다. 현재 상황에서 위기자가 전 남자친구를 눈앞에서 마주하게 된다면 감정이 차분해지기보다는 오히려 더 분노하고 좌절할 가능성이 높기 때문이었다. 원망과 복수심으로 위기자는 전 남자친구가 보는 앞에서 자살로써 복수하기 위해 그를 불러달라고 요구하는 것일 수도 있었다.

구급대원은 내려오기를 거부하는 위기자를 철조망에 로프로 단단히 묶어 안전을 확보한 후 철조망을 절단해 신변을 확보했다. 그리고 1층으로 데리고 내려와 몸을 수색하고 혈압, 체온 등 건강 상황을 체크했다. 위기자는 매우 좌절한 모습이었고, 추운 겨울이었음에도 외투를 걸치지 않은 상태로 노상에 맨발로 주저앉아 움직이기를 거부하면서 전 남자친구를 불러달라는 말만 반복하고 있었다. 협상팀은 위기자가 구조되기는 했으나, 여전히 자살 위험성이 매우 높은 상황이라고 판단했다. 귀가 조치되면 바로 다시 자살을 기도할 가능성도 있었다. 자살 시도 상황 자체는 강제적인 방식으로 저지되었으나, 여전히 자살 고위험 상황이라고 판단한 협상팀은 위기자의 감정을 누그러뜨리고 흥분 상태를 가라앉혀 자살 위험성을 감소시키는 것을 목표로 협상을 진행하기로 결정했다. 위기자도 협상관과 대화를 나누는 데 동의했다.

최초 대화를 시작했을 때 위기자는 동공이 풀린 모습으로 협상관과 눈을 잘 맞추지 못하고 묻는 말에 단답형으로만 대답하면서 허공을 멍하게 응시했다. 대화에 집중하지 못하고 자살 사고에 매몰되어 있는 모습이었다. 협상관은 위기자의 감정을 읽어주고 자살을 결심할 정도로 힘들었던 상황에 대해 공감을 표현했다. 그러자 점점 위기자가 자신의 개인적인 이야기를 하기 시작했다.

위기자는 전 남자친구와 3년 정도를 만났는데, 사귀는 동안에도 관계가 원만하지는 않았다고 했다. 만남과 헤어짐을 반복하면서 학교 성적은 엉망이었고, 꿈이었던 인턴 자리도 잘렸는데, 그러던 중 같이 살던 집에서 쫓겨나다시피 일방적으로 이별 통보를 받은 후 남자친구에게 다른 여자가 생긴 사실을 알게 된 것이다. 그녀는 '이제 나에게는 미래가 없다', '내가 괴로웠던 만큼 저 사람도 괴로웠으면 좋겠다'라는 생각뿐이며, 너무 힘들어 자살을 기도한 적이 과거에도 2번이나 있다고 했다. 부모님이 위기자를 걱정해 정신과 병동에 입원을 시키자 탈출한 적도 있었다.

협상관의 위로와 공감을 받고, 자신의 괴로움을 토로하면서 위기자는 점점 눈 맞춤도 하고 대화의 양이나 목소리 톤도 일반적인 수준까지 회복되는 등 협상의 진전 신호가 나타났다. 위기자가 차츰 현실 판단력을 회복하고 협상팀의 말을 받아들일 준비가 되었다고 판단해 협상관은 경찰로서 현 상황에서 응급 입원을 진행할 수밖에 없음을 설명했다. 위기자는 2회 이상의 자살 시도 전력, 우울감, 불안정한 정서 상태 등 자살 고위험군이며, 단시간 내에 자살을 재시도할 우려가 있었기 때문이다.

위기자는 처음에는 병원에 가는 것을 강하게 거부하면서 귀가하고 싶다고 했으나, 협상관이 "지금 스스로 자신을 지킬 수 없는 상황이에요. 자살 충동을 주체하지 못할 가능성이 높아요"라며 계속해서 설득하자 차츰 입원할 수밖에 없는 상황임을 받아들였다. 그리고 응급 입원보다는 차라리 자의 입원으로 하고 싶다며 병원 이송에 동의해, 협상팀은 현장 경찰관과 구급대원에게 위기자를 인계하고 협상을 종료했다.

납치 협상과 협상 기법

납치 협상은 납치범이 강제로 인질을 제3자가 알 수 없는 장소로 이동해 몸값을 요구하는 범죄이다. 경찰이 납치범과 인질의 위치를 알 수 없고, 납치범의 일방적 연락에 의해서만 의사소통이 가능하기 때문에 협상이 불리하고, 위험성이 크다.

납치 협상의 특성은 다음과 같다.

- 납치범과 인질의 위치를 알 수 없어서 포위와 통제가 불가능하다.
- 협상을 위한 연락도 일방적으로 납치범의 의도에 의해 결정되어 양방향 의사소통이 어렵다.
- 인질의 안전 확인을 위한 방법이 제한적이어서, 반드시 생사 여부와 부상 여부를 연락이 가능할 때마다 실시간으로 질문해야 한다.
- 인질은 보통 외부와 연락이 차단된 상태로 장기간 지속되어 극심한 정신적 압박을 받게 되므로, 자신의 생존

을 위한 노력이 필요하다.

- 통상적으로 몸값이 협상의 주요 주제가 된다.
- 국제 테러 조직에 의한 납치도 실제로는 몸값이 주목적
  인 경우가 대다수이다.

납치 협상은 위기 협상 기법과 크게 다르다고 할 수 없지
만, 포위와 통제를 할 수 없는 특성을 고려해 협상을 해야
한다.

- 모든 협상 대화 때마다 반드시 인질의 안전을 최우선으
  로 확인한다.
- 인질의 안전이 확인되지 않은 연락 시도에는 협상을 진
  전시키지 않아야 한다.
- 정확히 인질을 억류하고 있는지 확인한다.
- 인질의 가족 개인에게 납치범이 직접 연락할 수 없도록
  연락처를 지정한다.
- 인질 가족의 심리 안정을 위한 세세한 배려와 조치가
  필요하다.
- 몸값을 흥정하는 경우, 납치범은 최초 요구 액수보다
  지불 능력에 더 관심을 갖는다.
- 납치범은 안전과 지불의 가능성을 고려해 장래의 거액
  보다는 당장의 현금을 선호한다.
- 몸값을 지불하는 경우, 인질 억류자와 돈을 수령하는
  사람의 동일인 여부를 반드시 확인한다.

• 몸값을 지불하는 절차에서는 여러 위험 요소를 충분히 고려해야 한다. 납치 협상에서 가장 어려운 부분이기도 하다. 돈만 지불하고 인질을 잃는 경우도 발생할 수 있으며, 엉뚱한 범죄 집단에 돈을 강탈당할 수도 있다. 또 테러 조직 자금으로 의심받으면 송금 자체가 불가능하게 된다.

| 5장 | **위기자의 마음을 움직이는 사람들** |

CRISIS NEGOTIATIONS

위기 협상팀이
만들어지기까지

위기 협상은 사람의 생명을 위험하게 할 수 있는 막중한 정신적 압박감, 현장의 많은 자원과 여론의 관심 등으로 한 사람이 감당하기에는 과도한 부담감이 따른다. 따라서 위기 협상은 혼자가 아니라 반드시 팀으로 진행되어야 하며, 훈련받은 위기 협상팀이 위기 상황에서 위기자와 협상을 통해 안전하게 상황을 종료하도록 해야 한다.

협상팀의 구성원과 역할

위기 협상 시 일반 경찰관과 협상 교육을 이수하고 위기 협상을 경험해본 협상관의 가장 큰 차이점은 팀으로 구성되어 역할을 분담해 협상한다는 것이다. 위기 협상의 성공적인 해결을 위해서는 팀플레이가 중요하며, 다른 사람들과 협조하는 능력, 의사소통 능력, 집단 해결 능력이 필요하다.

위기 협상팀이 효율적으로 임무를 수행하기 위해서는 많

은 요소가 적절하게 배합되어야 조직적 발전이 가능하다. 따라서 자신의 업무를 숙지하는 것도 중요하지만, 다른 구성원의 역할에 대해서도 알고 있어야 한다. 하나의 역할이 외부로부터 많은 관심과 집중을 받을지라도 각각의 구성원은 협상 성공을 위해 모든 역할이 필수적이라고 인식해야 한다.

FBI(1993)는 위기 협상팀의 인원을 최소한 3명 이상으로 권장하고 있다. 왜냐하면 현장에서 한 사람이 모든 것을 다루기에는 개인의 역량 범위를 벗어난다고 보기 때문이다. 그러면서 협상팀의 역할을 다음과 같이 정리하고 있다.

- 현장 상황, 인질범, 인질 등에 대한 정보를 수집한다.
- 감정을 진정시키고, 인질범에게 영향을 끼치며, 인명 살상 위험을 감소시키기 위한 전략을 발전시킨다.
- 인질범과의 신뢰 관계를 형성한다.
- 관련 있는 정보를 기록한다.
- 인질범의 요구와 위기 협상팀의 약속에 관한 협상 기록을 유지한다.
- 협상 장비를 보수, 유지한다.
- 전술팀, 그리고 현장 지휘관과 협상하고 의사소통한다.

위기 협상팀의 분위기를 좋게 하려면 함께 문제를 해결하려는 자세가 필요하다. 새로운 상황이 발생했을 때 문제 해결을 위해 공동으로 노력해야 효과적인 대안이 도출될 수 있으며, 문제의 합리적 해결에 도움이 된다. 협력 정신은 각각의 개인 가치를 인식하게 할 뿐만 아니라 브레인스토밍을 통해 한 사람의 능력보다 더 많은 창조적인 대안을 창출할 수 있게 한다.

또한 위기 협상팀은 위기 상황에서 강력한 리더십이 필요하다. 한 사람이 협상팀의 책임을 맡아서 자의적으로 팀장으로서 임무를 수행하는 것이 아니라, 필수적인 전문지식을 보유하고 있어야 한다. 팀장은 실패에 대한 책임이 있고, 구성원들의 노력과 능력을 결집시키며, 각각의역할과 책임을 적절하게 배분하고, 문제 해결을 위해 구성원 간의 활발한 의사소통을 활성화하는 임무가 있다.

FBI 위기 협상 가이드라인[1]에서는 다음과 같이 위기 협상팀의 조직을 제안하고 있다.

① 협상팀장

위기 협상팀 구성원에게 상황에 맞는 적절한 임무를 부여하고, 지휘부와 전술팀과의 조정 및 중재 역할을 책임진다. 협상팀장은 협상팀의 전체적인 기능이 원활하게 수행될 수 있도록 책임을 지고 협상 구성원을 관리, 감독한다. 협상 조정 기술 및 지식에 외에도 리더십 능력이 있어야 한다. 위기 협상팀의 구성원은 협상팀장을 존중해야

---

1 McMain, Mullins, Young, 《Crisis Negotiations: Managing Critical Incidents and Hostage Situations in Law Enforcement and Corrections》 6th Ed, ROUTLEDGE, 2021, pp.79~84.

하고, 협상팀장의 부재 시에도 협상팀의 기능이 원활하게 운용되도록 평소에 훈련을 해야 한다.

위기 협상팀장은 아래와 같은 질문에 항상 대답할 수 있어야 한다.

- 인질 사건인가, 비인질 사건인가?
- 사건의 협상이 가능한가?
- 협상을 가능하게 하려면 무엇을 할 필요가 있는가?
- 어떤 유형의 포위인가? 전술이 의미가 있는가?
- 지휘관과 전술팀 지휘관에게 현장 상황에 대한 브리핑을 했나? 그리고 통합된 계획이 있는가?
- 적합한 사람이 자신의 역할을 수행하고 있나?
- 적절한 장비가 활용되고 있는가?
- 사건에 관한 정보가 수집되고, 기록되고 있는가?
- 사건에 관련된 사람들의 정보는 활용이 가능한가?
- 전술 정보는 사용 가능한가?
- 협상 전략은 있는가?
- 인질범은 얼마나 위험한가?
- 프로파일은 행해졌나?
- 주 또는 보조 협상관은 인질범과의 관계를 가장 좋게 만들 수 있는 사람으로 지정되었는가?
- 상황이 진행되면서, 지휘관에게 최신 정보가 전달되었나?
- 협상 내용이 시기 적절하게 지휘관에게 보고되는가?

- 협상관은 모든 대안을 고려했는가?
- 인질범의 요구가 주기적으로 분석되고, 협상하는 데 필요한 사항을 인지하고 있는가?
- 협상관은 주기적으로 쉬고 있나?

② 주 협상관

인질범과 직접적으로 대화를 통해 협상을 하고, 대화를 발전시키고, 인질범의 감정 수위를 관찰하고, 인질범의 이상행동에 대해 경계하고 전달하는 임무를 맡는다. 인질범과의 대화에 고도로 집중을 하게 되면, 터널 비전이 발생할 수 있다. 시간이 지나면서 가장 큰 피로를 느끼는 역할로, 적절한 시간에 휴식을 취하거나 교체해야 한다.

③ 보조 협상관

협상팀 내의 다른 구성원과 주 협상관을 연결시키는 통로 역할로, 주 협상관과 위기자와의 대화 내용을 경청하고, 위기자를 대하는 대화 기법을 연구하고, 주 협상관의 사기를 진작시킨다. 특히 주 협상관이 터널 비전에서 빠져나올 수 있도록 중요한 역할을 수행한다.

보조 협상관은 주 협상관의 피로로 교체가 필요하면 바로 대체해 주 협상관의 역할을 수행해야 한다. 주 협상관과 위기자와의 대화를 계속해서 듣고 있었기 때문에 중복 질문의 위험이 적다. 실제로도 현장에서 위기자와의 대화에만 집중하고 있는 주 협상관을 외부의 지원과 연결하는 역할을 하고 있다.

④ 정보관

인질범과의 대화 내용이나 경찰 자료를 통해 인질범의 성격에 관한 정보를 수집하고, 인질 상황 현장과 사용된 흉기나 무기에 대한 정보, 인질범의 친구, 가족 또는 풀려난 인질들과의 면담을 통해 현장의 상태나 위험 요소를 파악한다.

그리고 이러한 모든 정보를 상황판에 기록해 위기 협상팀 구성원에게 정보를 공유한다. 상황판의 정보는 위기 협상팀 누구든지 정보관에게 통지하고 수정할 수 있다. 잘 정리된 상황판은 지휘부의 궁금증을 감소시켜 위기 협상팀의 부담을 줄여준다.

⑤ 심리 전문가

인질범의 성격에 대한 평가, 이에 맞는 협상 기술의 추천, 협상팀의 스트레스 정도, 지휘부에 대한 자문역을 맡는다. 정신과 전문의, 심리학자, 위기 개입 전문가가 이 역할을 수행한다. 특히 인질범에게 정신 질환이 있다면 더욱 필요한 인적 자원이다. 상설로 팀원을 영입할 수 없다면, 위기 협상팀이 필요한 순간에 자문할 수 있는 심리 전문가를 평소에 위촉해 자문할 수 있어야 한다.

위기 협상팀으로 임명되면 팀원들은 반드시 자신의 역할

외에도 다른 팀원의 역할을 이해하고 또 담당할 수 있어야 한다. 각 기관의 상황에 따라 인력 부족으로 인해 한 팀을 5명으로 유지하는 것이 불가능한 경우도 있다. 위기 협상팀은 최소한 3명을 유지해야 하며, 이 경우에는 정보관과 팀장이 같은 역할을 수행한다.

인질 상황의 발전 단계에 따라 위기 협상 팀원의 역할 수행도 변화한다. 인질 상황의 초기 단계에는 중요한 목표는 정보 수집으로, 모든 팀원은 정보 수집관으로 활동해야 한다. 이때 협상팀장은 구성원의 활동을 각 단계에 맞게 조정한다. 협상이 시작되고, 인질범과의 대화나 통신이 구축되면, 협상팀 구성원은 주 협상관, 보조 협상관, 정보관으로서의 역할을 맡는다. 다른 구성원의 역할 수행이 불가능할 경우를 대비하여 서로가 다른 역할을 담당하는 데 유연하게 대처한다.

현장 지휘관의 역할

과거 우리나라에서 발생한 인질 사건을 보면 현장 지휘관이 직접 인질범과 대화하는 장면이 상당히 많이 목격된다. 하지만 위기 협상 현장에서 최고 책임자인 현장 지휘관이 직접 위기자와 협상을 하면 심각한 문제가 생길 수 있다. 따라서 다음과 같은 이유로 현장 지휘관의 직접적인 협상은 하지 않는다.

첫째, 현장 지휘를 하면서 협상까지 하는 것은 개인의 능력을 넘어서는 행동이다. 직접 위기자와 협상하면서 현장에 출동한 경찰특공대, 일반 경찰관, 소방관 등 모든 단위의 인력 자원을 총괄하는 것은 불가능하다. 주 협상관으로서 위기자와 직접 대화와 협상을 하는 것은 그 자체만으로도 고도의 집중력이 필요한 일이다. 따라서 일정한 시간마다 교대를 권고하고 있다.

둘째, 지휘관의 교체가 불가능하다. 만약 지휘관이 위기자와의 협상 중에 감정적으로 혼란스러워져 객관적인 판단 능력이 저하된다 해도 지휘관은 현장의 최고 책임자로서 교체가 거의 불가능하다. 따라서 교체 가능한 위기 협상팀이 협상을 전담해야 한다. 주 협상관의 감정이 혼란스러워 판단 능력이 떨어졌다면, 보조 협상관이 쉽게 확인할 수 있고, 위기 협상팀의 결정으로 주 협상관의 교체가 가능하다.

셋째, 시간을 끄는 것이 위기 협상관에게 어려운 임무인데, 지휘관에게는 더욱 어렵다. 위기자의 요구에 위기 협상팀은 여러 이유를 근거로 합리적인 시간 지연을 할 수 있다. 하지만 지휘관은 위기자의 요구를 수용하는 시간을 지연시킬 수 있는 적당한 이유를 찾기가 어렵다.

넷째, 현장 지휘관은 자신이 내린 결정의 사후 책임에 대한 고민으로 창의적인 대안을 생각할 수 없다. 위기 현장에서 최고 의사 결정권자로서 자신의 결정에 따른 사후 파장과 법적 책임을 고민하지 않을 수 없다. 따라서 자연스레 자신의 책임을 최소화할 수 있는 대안에 집중하게 된다. 하지만 위기 협상팀은 이러한 책임 문제로부터 벗어나 다양하게 위기 상황을 해결할 수 있는 여러 대안을 브레인스토밍으로 창출할 수 있다.

다섯째, 위기자의 요구에 대한 변명의 여지가 없어지게 된다. 경찰의 수용이 곤란하거나 의사 결정에 복잡한 절차가 요구되는 사항을 위기자가 요구했다면 지휘관은 합리적이고 적절한 거부 사유를 찾기가 어렵다. 위기 협상팀이라면 지휘관의 승낙과 다른 참모들의 동의가 필요하다는 합리적인 변명의 이유를 들기가 훨씬 수월하다.

그렇다면 현장에서 지휘관은 어떻게 위기 협상을 지휘해야 할까?

현장 지휘관은 갑자기 발생한 인질 사건, 자살 시도 사건에 대한 특징을 이해할 필요가 있다. 경찰의 대응에 따라서 억류된 인질이나 자살 시도자의 피해 정도가 결정되기 때문이다. 오랜 경찰 경력이 있더라도 이러한 위기 협상의 특성을 이해하지 못하고 단순 범죄에 대응하는 방식으로 접근한다면 경찰 출동 이후에 사상자가 발생할 수 있으며, 여론의 비판을 받을 수 있다. 지휘관의 위기 협상에 대한 이해는 전체 협상의 성공을 좌우할 수 있는 결정적인 요인으로 작용한다.

첫째, 위기 협상에 필요한 위기 협상팀, 경찰특공대 등 가용한 경찰 자원 및 지역 사회 위기 대응 자원을 최대한 동원한다. 현장 출동 중에 상황이 해결되어 그냥 복귀하더라도 가능한 모든 자원을 동원해 안전을 위한 최선의 선택을 해야 한다. 상황의 중요성, 심각성 등은 사건 초기에는 정확히 알기 어려우므로 전문가인 위기 협상팀의 의견을 신중하게 듣고 판단해야 한다.

둘째, 시간 끌기는 경찰의 최고 전술임을 명심하고, 단순히 시간이 지연된다고 구출 작전을 결정하는 실수를 하지 않는다. 인명의 살상 없이 장시간 협상이 지지부진하게 진행되고 있다면 이는 오히려 긍정적인 신호이다. 간혹 시내 중심가에서 발생한 인질 사건으로 차량이 막히고, 주민들을 통제해야 하는 등 불편한 상황이 생겨 작전을 결정한다면 현명한 선택이 아니다. 위기자가 감정의 불안을 보이며 작전할 수 있는 좋은 기회를 제공한다 해도 협상이 계속되고 있다면 신중하게 결정해야 한다.

셋째, 통제되고, 정확하고, 정시에, 통일된 창구를 마련해 언론의 협력을 요청한다. 이를 위해서 지휘관은 현장 기자단에게 매시간 정확한 브리핑을 약속하면서 현장 상황에 대한 보도 통제를 요구하고, 단일화된 경찰 홍보팀을 통해서만 정보를 공유한다.

특히 인질이 억류되어 있는 현장에는 언론의 지나친 관심이 부정적으로 작용할 수 있기 때문에, 지휘관은 언론의 협력과 통제의 합리적인 균형을 맞추어 현장을 지휘해야 한다. 그리고 TV는 안전한 지역으로 촬영 각도 변경을 요청해 경찰의 현장 활동, 특히 경찰특공대의 현장 배치가 인질범에게 노출되지 않도록 한다. 인질범은 TV에 노출되면 여론의 관심을 얻으면서 자신이 큰 힘을 가지고 있다고 믿기 때문에 현장이 언론에 생중계되는 상황은 가급적 피해야 한다.

언론은 인질이나 위기자의 생사 여부가 불확실한 위기 상황이 여론의 주목을 받기 때문에 집중적으로 취재 경쟁에 나선다. 그리고 요즘은 인터넷이나 SNS를 통해 불특정 다수의 사람이 사건 현장을 기록하고 알릴 수 있다. 그래서 위기 상황의 언론 통제가 완벽할 수는 없지만, 주요 언론사의 보도는 위기자와 인질, 그리고 가족들의 감정에 결정적인 영향을 끼치므로 위기 협상 과정에서 주요 언론 매체와의 협력은 반드시 필요하다. 언론을 완벽하게 차단하는 게 통제가 아니다. 사실에 기반한 사건 진행 상황을 제공하고, 보도는 신중하게 해줄 것을 요청해야 한다. 단순히 언론을 차단하는 것은 현실적으로, 또 기술적으로도 불가능하다. 따라서 진행 상황에 대한 정확한 정보를 주요 언론 매체에 전달하고, 인질의 안전을 위해 경찰에 협력할 것을 요청해야 한다.

넷째, 위기 협상의 특성을 이해하지 못했다면 위기 협상팀에게 적극적으로 자문하고, 의견을 청취한 뒤 결정해야 한다. 위기 협상의 특성을 이해하지 못한 지휘관이라면 단순 범죄의 진압이나 체포로 인식하고, 신속한 상황 종료를 우선순위에 두게 된다. 그러면 위기자의 감정을 듣기보다는 물리력에 의한 진압을 먼저 고려하게 되고, 협상보다는 구출 작전을 염두에 두고 협상을 단순히 시간 지연의 수단으로 여기는 실수를 범하게 된다.

특히 인질이 생존해 있다면 전문가의 의견을 듣고 결정을 내려서 실수를 피해야 한다. 지휘관이 서두르면 현장의 모든 경찰관이 영향을 받는다. 지휘관의 정확한 상황 인식과 적절한 대응이 중요한 이유이다.

협상팀의 노력과 무관한 것들

2015년 안산에서 발생한 일명 '김상훈 인질 사건'은 경찰 출동 이후 더 이상의 사상자가 발생하지 않아서 경찰 대응에 대한 언론의 긍정적인 기사를 기대했다. 하지만 기대와 달리 당일 오후에 경기경찰청 위기 협상팀으로부터 언론에서 자꾸 비판적인 기사가 나온다는 연락을 받았다. 필자는 경찰이 현장에 출동한 이후 사상자가 나오지 않았고, 협상과 작전이 잘 이루어져 마무리되었기 때문에 언론의 부정적 기사를 이해할 수 없었다. 하지만 기사를 검색해보니 다음과 같이 요약되어 있었다.

① 경찰이 피해 상황을 잘 파악하지 못해 사상자 수도 제대로 알지 못했다.
② 초기에 대응을 잘못해 인질들이 살해당했다.
③ 인질범의 부인을 협상에 참여시킨 실수를 범했다.
④ 경찰이 우왕좌왕하면서 사건이 오래 지속되었다. 조기에 신속하게 경찰특공대를 투입했어야 했다.

필자는 사건 발생 다음 날 아침부터 방송 매체에 출연하기 시작했다. 총 7개 방송사에 직접 출연, 1개 라디오와 전화 인터뷰, 그리고 각종 신문사 기자들과 전화 인터뷰가 이루지면서 위의 비판적인 기사가 점차 사라지기 시작했다. 혹독한 겨울 날씨에 현장에서 같이 고생한 많은 경찰관의 노고를 알리고, 적절한 보상을 받아야 한다는 생각에 의도적으로 위기 협상복을 입고 TV에 출연해 언론의 비판에 대해 정면으로 반박했다.

①은 현실적으로 인질 상황이 발생한 현장 내부에 들어갈 수 없기에 현장에서는 정확한 피해 인원을 파악하기 어렵다. 인질들의 안전 확보가 늘 우선이다. 자세히 들여다보면, 종료 시점에 바로 피해 인원을 사망 1명, 중상 1명으로 보도했다. 1명은 사건 전날 사망해 이미 사후 경직으로 사망이 명백했으나, 1명은 사망한 상태지만 사체에 온기가 있고, 의사가 사망 판정을 하지 않은 상태라 중상 1명으로 발표했다. 하지만 경기경찰청에서는 병원에 도착해 사망 판정을 받은 후 바로 기자단에 사망 2명으로 정정 요청을 하지 않았기에 이런 기사가 나오게 된 것으로 추정된다.

②는 사실관계를 혼동한 것으로, 경찰이 출동하기 전에 이미 2명이 사망한 상태로 확인되었다.

③은 일부 전문가라는 분들이 제3중재인을 참여시키는 실수를 했다고 비판하는 인터뷰 기사가 게재되었다. 필자도 최대한 위기자의 부인을 협상에서 배제하려고 노력했

다. 하지만 위기자가 사전에 부인의 계속되는 대화 거부와 수신 차단에 대한 강박증으로 부인과 전화 통화가 이루어지지 않으면 인질의 목에 칼을 대고 칼을 누르며 인질을 압박해 비명을 지르게 함으로써 도저히 협상에서 배제할 수 없었다. 그래서 경기경찰청 위기 협상팀의 지원하에 위기자의 부인을 계속해서 협상에 참여시키게 했다. 필자는 인터뷰 시 현장을 모르고 원칙만 내세운 기사라고 반박했다.

④는 종합 편성 채널의 일부 패널 위원이 사건 초기에 경찰특공대를 투입해 신속하게 대처했어야 한다고 주장한 기사였다. 필자는 위기자가 인질을 자신의 가랑이 사이에 넣고 칼로 압박하는 상황에서 경찰이 조기에 작전을 개시했다면 인질들이 아무런 해도 입지 않고 구출될 수 없었을 것이라며 협상을 해야만 했다고 반박했다. 위기 협상의 특성을 잘 알지 못하면서 경찰의 대응을 비판하는 행위는 섣부르다.

종합적으로 판단하건대 현장에서 경찰의 대응은 적절했으나, 홍보팀이 기자단에게 정시 브리핑, 변경된 상황에 대한 정보 전달을 제대로 하지 못해 벌어진 일이라 생각한다. 따라서 이러한 경우에는 잘못된 기사가 파생되지 않도록 정확한 상황을 전달하고 보도 협조를 요청하는 게 효과적이다.

인적 자원을 어떻게
활용할 것인가

위기 협상관의 자격과 교육

위기 협상은 다른 경찰 업무와 달리 협상이 실패할 경우 인질과 인질범의 생명을 위태롭게 할 수 있는 위험과 스트레스가 심한 업무로, 협상관의 유연한 성격과 감정을 통제할 수 있는 자질이 필요하다. 위기 협상관에 대해 연구한 자료[2]에 따르면 경찰관 외에 심리학 전공자를 선발하는 방법을 제시하고 있으나, 심리학자나 정신과 전문의가 실제 위기 현장에서 자신의 전문 지식을 발휘하기는 어렵다고 판단된다.[3]

위기 협상관에 대한 흥미가 없는 경찰관을 선발해 강의 위주의 교육 과정을 거친 후, 사후 관리나 경험이 없

---

2 정우일, "경찰 인질 협상팀 조직 방안", 〈대테러연구〉 제31집, 2008, p.354.

3 2009. 12. 11. 경찰청 주최 대테러 세미나에서 서울시 광역보건센터의 정신과 전문의 이명수는 자살 위기 상황에서는 병원에서의 진찰과 달리 의사로서의 지식이나 권위가 작동하지 않는다고 했다.

는 협상관을 단순 양산하는 체계에서 벗어나야 한다. 우선 실제 인질 상황에서 자신의 감정을 통제할 수 있고 위기자의 말을 경청하면서 위기에서 구출할 수 있는 성격과 자질을 고려해 인력을 선발하고, 이론 위주의 교육이 아닌 역할극 등을 도입해 실제 상황과 동일한 환경에서 현장의 역동성과 긴박감을 경험해본 자가 협상관으로 양성되어야 한다. 교육 과정 이후에는 적어도 2년에 1번은 재교육이 이루어져야 하는데, 강의보다는 인질 협상 경험자의 경험을 공유하는 토론식 교육이 필요하다. 또 위기 협상관으로서 동기 부여를 위해 교육 과정 이수자에 한해 자격증을 수여하고, 정기적인 수당 지급 등 자격에 상응한 지원이 있어야 한다.

미국 NYPD는 세계에서 최초로 경찰에 위기 협상을 도입한 기관이다. 5년 이상 수사 경력자 중에서 경사 이상의 경찰관에 한해 위기 협상관을 선발하고 있다. 위기 협상 교육 과정의 참가자 선발은 신청자 직속 상관의 동의와 NYPD 위기 협상팀장의 개별 면담을 통해 최종적으로 결정된다. 그리고 기본 2주 과정을 마치면 위기 협상관 자격증을 받으며, 자신의 지역에서 위기 협상관으로 일하게 된다.

위기 협상관으로 일한 경험은 나중에 보험회사 등 취직하는 데 큰 도움을 주기 때문에 미국에서는 상당히 선호하는 교육 과정으로 인정받고 있다. 교육 과정 이수 후에는 위기 협상관 유니폼을 착용하고, 2년 후부터는 매년

2일간 재교육을 받아야 하는 등 관리가 이루어진다. 이러한 체계적인 관리를 통해 NYPD는 뉴욕시의 경찰서에 전술팀과는 별도로 협상관을 테스크 포스(Task Force)처럼 운영하면서 인질 상황에 따라서 적합한 협상관을 배치하고 있다. 협상관 제도를 성공적으로 활용하면서 시민들의 지지를 받고 있다.

인적 자원 활성화 방안

① 위기 협상에 대한 기초 교육의 필요성

위기 협상은 인질 사건 발생 후 1시간에서 1시간 반 정도가 가장 위험하고, 이 시간이 협상의 성공 여부를 좌우한다.[4] 따라서 사건 현장에 최초 출동자의 대응이 위기 협상의 성패를 결정한다고 해도 과언이 아니다.

그런데 가정 폭력, 자살 시도자, 정신 질환자에 의한 위기 현장에 지구대나 파출소의 경찰관이 출동했을 때 상해가 발생하지 않으면 보고되지 않고 사건이 종결되는 경우가 많다. 따라서 위기 협상에 중요한 역할을 담당하는 생활 안전 부서의 경찰관들에게 적어도 위기 협상에 대한 초기 교육이 이루어져야 한다. 궁극적으로는 중앙경찰학교의 신임 순경 과정에 위기 협상이 정규 과목으로 편성되어야

---

4 Fredrick J. Lanceley, 《On-Scene Guide for Crisis Negotiation》 2nd Ed, CRC Press, 2003, p.161.

하고, 경찰인재개발원의 간부 후보생이나 경위 기본 교육 과정에도 관련 교육이 필요하다. 2009년 하반기부터 경찰대학에서는 총경, 경정, 경감 기본 교육 과정에 위기 협상을 정규 과목(3시간)으로 편성해 실시하고 있다.

② 협상관 교육 과정에 역할극 도입 등의 교육 내실화
FBI는 위기 협상 교육에 80시간을 요구하고 있으며, 실제 협상 상황을 경험할 수 있는 실질적인 내용으로 교육이 이루어지고 있다.[5] 과거에 경찰청 대테러센터에서 실시하던 인질 협상 요원 교육은 35시간의 짧은 교육 기간과 강의 위주의 교육으로, 실제 위기 협상 과정에서 발생하는 다양한 감정의 기복과 통제를 경험할 수 없다. 특히 위기 협상은 가정 폭력, 자살 시도자, 정신 질환자 등 감정적으로 격해 있는 상태에 처한 위기자의 감정 기복을 느끼고 이들의 감정을 순화시키는 방향으로 유도하는 것이 중요한데, 이론 및 강의 위주의 교육으로는 협상 요원의 능력이 향상되지 않는다.
이러한 강의 위주 교육의 문제점을 극복하기 위해 2009년 8월 18~19일 2일간 경찰대학에서는 위기 협상 전문가 워크숍을 진행했다. 실제 심리극을 해본 배우에게 가정 폭력, 자살 시도자, 정신 질환자, 인질 강도 등 4가지

---

5   McMain, Mullins, Young, 《Crisis Negotiations: Managing Critical Incidents and Hostage Situations in Law Enforcement and Corrections》 6th Ed, ROUTLEDGE, 2021, pp.92~95.

사례를 연기하게 하고, 협상 교육을 받는 경찰관에게 협상을 진행하게끔 역할극을 시도했다. 경찰청 대테러센터의 협상 트럭과 협상 장비를 동원해 실제 상황과 같이 연출하고, 전문 배우가 위기자를 연기하게 해 위기 협상 과정에서 일어날 수 있는 감정의 기복을 경험하게 했다. 이러한 역할극은 이미 FBI나 NYPD의 위기 협상 교육 과정에 포함되어 있으며, 미국에서는 사격이나 실제 범인 체포 교육 등 경찰 교육 과정에 역할극이 광범위하게 활용되고 있다. 미국 NYPD의 2주간의 인질 협상 교육 과정[6]에서도 1주일은 역할극 수업이 구성되어 실제와 같은 경험을 해보도록 하고 있다.

경찰대학에서는 2009년 11월 16일부터 5일간 제1기 위기 협상 전문화 과정[7]을 개설해 경찰청 3명, 소방청 7명, 해양경찰청 4명, 교정본부 4명, 국방부 5명 등 23명이 총 35시간 중 16시간을 심리극 배우 5명이 연출하는 역할극에 참여했다. 역할극은 4가지 시나리오로 가정 폭력에 의한 인질 협상, 자살 시도자 위기 협상, 정신 질환자에 의한 인질 위기 협상, 군 탈영병에 의한 인질 위기 협상이었다. 특히 교육생 4명이 주 협상관, 보조 협상관, 정보관, 협상팀장의 역할을 맡아 실제 상황처럼 협상을 해본 결과 협상의 역동적인 감정 변화 과정에 대한 심리 체험이 가장

---

6   288~289쪽의 'NYPD 인질 협상 교육 시간표' 참고.

7   290~291쪽의 '경찰대학 위기 협상 전문화 과정 교육 시간표' 참고.

인상적이었다는 평가를 받았다. 이처럼 위기 협상 교육에 역할극은 절대적으로 필요하며, 가능하다면 주취자 관리 등 경찰 교육 전반으로 확대되었으면 하는 바람이다.

③ 위기 협상관에 대한 체계적인 선발, 교육, 관리 필요

위기 협상관은 다른 경찰 임무와 달리 살아 있는 시민의 생명을 포함한 고위험성이 내재된 환경에서 협상을 해야 한다. 잘 통제된 내부가 아닌 통제할 수 없는 많은 외부 환경의 변수에 노출되어 있고, 여론의 관심이 집중되는 업무이다. 따라서 본인의 의지가 반영되지 않는 선발, 교육, 관리가 아닌 체계적인 접근이 필요하다.

위기 협상의 창시자인 미국 NYPD는 인질 협상관의 체계적인 선발, 교육, 사후 관리를 하고 있다. 우선 인질 협상관 교육에 지원하려면 소속 부서의 동의서와 함께 교육 지원서를 제출해야 한다. NYPD 인질 협상팀장은 교육 지원서를 기반으로 일대일 면접을 통해 인질 협상 교육 대상자를 선발한다. 자발적으로 지원하고, 2번의 선발 절차를 거쳐 신중하게 선발된 경찰관은 2주 동안 인질 협상 교육을 받으며 인질 협상관의 자격을 취득하게 된다. 1주는 NYPD HNT(Hostage Negotiation Team)의 주관으로 이론과 사례에 대해 배우고, 2주 차는 John Jay College의 주관으로 심리와 역할극을 배운다.

인질 협상 교육을 이수한 후에는 기존 근무 부서에 근무하면서 자신의 관할 구역에 인질 상황이 발생하면 NYPD

인질 협상팀장의 호출에 의해 인질 협상 팀원으로 활동하게 된다. 이때는 인질 협상팀의 어느 역할이든 주어질 수 있으며, 상사의 동의하에 소속 부서 관계 없이 자신의 상황에 따라 현장에 출동해 협상에 참여할 수 있다.

인질 협상 현장에서 협상팀은 경찰특공대(ESU, Emergency Service Unit)와 별도로 독립적으로 운용된다. 미국 대부분의 경찰 기관은 CNT(Crisis Negotiation Team)라는 명칭으로 운용되는데, NYPD는 Hostage Negotiation Team으로 '인질 협상팀'이라는 명칭을 고수하고 있다. 자신들이 세계에서 처음으로 인질 협상을 적용했다는 자부심이 있기 때문이다.

미국 로스앤젤레스 경찰(LAPD, Los Angeles Police Department)의 경우, 경찰특공대(SWAT)에 위기 협상관 교육을 통해 위기 협상관의 자격을 갖춘다. 위기 협상이 필요할 때마다 위기 협상팀을 조직해 협상을 진행하며, 위기 협상팀이 경찰특공대에 포함되어 운용되고 있다.

NYPD 인질 협상 교육 시간표[8]

1주 차

월요일	화요일	수요일	목요일	금요일
8:00~ 과정 소개	8:00~ 비디오를 통한 사례	8:00~ 사례 연구: 모스크바 극장 인질 사건	8:00~ 사례 연구: 이동 협상	8:00~ 토론 및 질문
9:00~ 위기 협상팀	9:00~ FBI 위기 협상: 학교 총격	9:00~ 전술 장비: 개관, 장비 소개	9:00~ 문화 차이	10:00~ 관타나모기지 (Guantanamo Bay HNT) 사례
10:30~ 인질 협상 개관	11:00~ 공항 사례	11:00~ 전술 장비, 장비 실습	10:30~ 전술 의사소통	11:00~ 최종 시험
12:00~ 점심	12:00~ 점심	12:00~ 점심	11:00~ 점심	12:00~ 최종 시험
13:00~ 사례 연구: 경찰관과의 협상	13:00~ 사례 연구: 윌리엄스버그 사건	13:00~ ESU(경찰특공대): 경찰선, 저격수, 정보 교환	12:00~ 전술 의사소통	14:00~ 현장 지휘관의 기대 (1주 수료)
14:00~ 사례 연구: 테이저 사례	14:00~ 사례 연구: 19 사건	14:00~ ESU(경찰특공대): 경찰선, 저격수, 정보 교환	전술 의사소통	14:30~ 점심
15:30~ 종료	15:30~ 종료	15:30~ 종료	15:30~ 종료	15:30~ 종료

---

8 필자가 직접 참여한 교육 프로그램의 시간표이다. 교육은 2주 동안 이루어진다.

2주 차(John Jay College)

요일/시간	주제
월요일 8:00~11:00 12:00~15:00	• 소개 • 정신이상자 대처 기범의 발전 • 비제도화 개관 • 협상의 근본적인 문제 • 순찰 가이드 • 정신 건강법 • 정신 분열 개관
화요일 8:00~11:00 12:00~15:00	• 망상 • 편집성 인격 장애 • 양극성 장애
수요일 8:00~11:00 12:00~15:00	• 조울증 • 자살
목요일 8:00~11:00 12:00~15:00	• 사이코패스 • 반사회성 장애
금요일 8:00~11:00 12:00~15:00	• 나르시시즘과 경계성 장애 • 가정 폭력 • 약물 남용

경찰대학 위기 협상 전문화 과정 교육 시간표

시간 \ 일자	시간	4. 11(월)	4. 12(화)	4. 13(수)	4. 14(목)	4. 15(금)
1	9:00 ~ 10:00					
2	10:00 ~ 10:50	위기 협상의 이해	위기 협상 이해	협상과 작전	자살자의 심리 이해와 개입	적극적 청취
3	11:00 ~ 11:50					
	12:00 ~ 13:30	중식				
4	13:30 ~ 14:20					
5	14:30 ~ 15:10	위기 협상의 이해	국내 사례 연구	보고 듣고 말하기	정신 질환 위기자의 심리 이해	해외 사례 연구
6	15:20 ~ 16:10					
7	16:20 ~ 17:00					

시간 \ 일자	4. 18(월)	4. 19(화)	4. 20(수)	4. 21(목)	4. 22(금)
1 9:00 ~ 10:00	적극적 청취 연습	역할극: 자살 시도 상황 1	역할극: 인질 상황 1 (대면 협상)	역할극: 인질 상황 3 (무기 포함)	사례 발표 및 강의 수요 조사
2 10:00 ~ 10:50	적극적 청취 연습	역할극: 자살 시도 상황 2	역할극: 인질 상황 1 (대면 협상)	역할극: 인질 상황 3 (무기 포함)	사례 발표 및 강의 수요 조사
3 11:00 ~ 11:50					사례 발표 및 강의 수요 조사
12:00 ~ 13:30	중식				
4 13:30 ~ 14:20	적극적 청취 연습	역할극: 자살 시도 상황 3	역할극: 인질 상황 2 (비대면 협상, 협상폰 활용)	역할극: 인질 상황 4 (대테러)	설문 조사
5 14:30 ~ 15:10	적극적 청취 연습	역할극: 자살 시도 상황 3	역할극: 인질 상황 2 (비대면 협상, 협상폰 활용)	역할극: 인질 상황 4 (대테러)	설문 조사
6 15:20 ~ 16:10	적극적 청취 연습	역할극: 자살 시도 상황 4	역할극: 인질 상황 2 (비대면 협상, 협상폰 활용)	역할극: 인질 상황 4 (대테러)	수료식
7 16:20 ~ 17:00	역할극 소개				수료식

위기 협상 현장에서
유의할 것들

최초 현장 출동자의 역할

위기 상황이 발생하면 전문 교육을 이수한 위기 협상팀이 현장에 제일 먼저 도착하기는 사실상 어렵다. 대부분의 위기 상황 현장에 제일 먼저 출동해 위기자와 대화를 시작하는 사람은 최일선 지구대나 파출소의 경찰 등 현장 근무자일 수밖에 없다.

위기 상황에서 최초 출동자의 중요성은 아무리 강조해도 지나침이 없다. 위기 상황에서 최초 60분이 전체 상황을 거의 결정짓는다. 처음에 위기자와 대화한 현장 근무자의 태도에 따라서 향후 위기 협상팀을 대할 때의 자세와 전체 협상의 결말이 달라진다. 그래서 최초 현장 출동자는 위기 상황에 대한 기본 교육을 받은 사람이어야 한다. 만약 최초 현장 출동자가 위기자를 범죄자 대하듯 한다면 협상이 극도로 어렵게 진행될 수 있기 때문이다.

최초 현장 출동자의 현장 대응 임무는 위기자와의 최초

접촉부터 지원 인력이 도착할 때까지 현장 상황을 통제하고, 대화를 통해 위기자의 감정을 분출시키고, 정보를 수집하는 것이다. 이때 최초 현장 출동자는 위기자를 심리적으로 안정시키는 것을 최우선 업무로 여겨야 한다. 위기자에게 계속 말을 걸어 자신의 발언에 집중하게 하고, 재차 확인하는 질문을 통해 안정감을 줘야 한다. 만약 위기자가 자살 시도자이거나 정신 질환자라면 자신의 영역에 접근한다고 느낄 수 있으므로 유의해야 한다.

그리고 가장 중요한 원칙은 출동자 자신의 안전 확보다. 위기자가 총기 혹은 흉기를 소지했는지 확인해야 하고, 추락 등 현장이 위험 지대인지 아닌지를 살펴보아야 한다. 그래서 최초 현장 출동자는 자신의 안전을 위해 방탄이나 방검 조끼를 반드시 착용해야 한다. 위기자에게 총기가 있을 경우에는 은폐, 엄폐 등 안전 확보를 위한 행동을 해야 한다. 특히 자살 시도자가 위험하지 않다는 생각은 잘못이다. 따라서 현장 출동자는 다음의 사항을 명심해야 한다.

- 현장이 고층일 경우 추락에 대비해 하니스(Harness)나 노끈으로 묶는 등 안전 확보를 한 후에 위기자에게 접근한다.
- 감당하기 어려운 상황은 즉시 지원 요청을 한다.
- 사건 현장 주소와 지원 인력이 도착할 주소를 구분해 지원 요청을 한다.

- 위험의 확산 방지를 위해 현장을 통제한다.
- 위기자에게 계속 말을 하게 해 감정을 순화시킴과 동시에 자신의 말에 집중하게 한다.
- 적극적 청취는 정보 수집에 도움을 주므로 위기자의 말을 잘 들어준다.
- 목격자와 구경꾼을 통제한다.
- 목격자는 협상에 필요한 정보 수집을 위해 지원 인력에게 인계한다.
- 현장 인력을 제외한 사람들은 안전한 지역으로 대피시킨다.
- 장소, 위기자와의 대화 개시 시간, 대화 내용, 수집 정보 등을 자세히 기록한다.

위기 협상의 다양한 형태

근접 대면 협상

위기자와 위기 협상팀이 서로를 볼 수 있고, 육성으로 대화를 할 수 있을 만큼 근접하게 위치해 있어 다른 통신수단의 도움을 받을 필요가 없다. 다만, 위기 협상팀의 팀플레이가 어렵고, 협상 속도를 쉽게 조절할 수 없다는 단점이 있다. 반면에 서로의 표정과 행동을 보고 빠르게 라포르를 형성할 수 있다. 하지만 위기자의 위험한 행동에 무방비로 노출될 수 있으며, 위기 협상팀은 자신들의 조그만 행동, 표정, 대화에 세세하게 신경을 써야 한다. 위기 협상팀으로서는 가장 정신적 압박이 강한 형태의 협상 방법이며, 주 협상관의 교체도 위기자의 입장에서는 쉽게 용인하기 어려울 수 있다.

대면 협상

위기자와 위기 협상팀이 서로의 모습을 볼 수 있지만 거리가 다소 떨어져 협상폰, 휴대폰, 마이크를 활용해 진행하는 위기 협상이다. 위기자가 위협적인 무기를 소지하지 않았거나, 장소가 물리적으로 접근이 어려울 때 활용된다. 위기자의 행동과 표정을 관찰할 수 있고, 위기 협상팀도 거리를 두고 협상에 집중할 수 있다. 위기 협상팀이 원하면 잠시 협상을 중단할 수도 있다.

비대면 협상

통상적으로 무기를 소지했거나 위기자의 위치가 실내일 경우 비대면 협상이 이루어진다. 위기자와 위기 협상팀이 서로를 볼 수 없는 상황에서 육성이나 협상폰, 휴대폰 등의 통신 도구를 활용해 하는 협상이다. 서로의 행동과 표정을 볼 수 없기 때문에 라포르 형성에 시간이 걸리지만, 위기 협상팀의 역량을 최대한 발휘할 수 있고, 비교적 여유를 가지고 협상을 진행할 수 있다.

협상을 돕는 장비들

위기 협상 현장에서 가장 중요한 요소는 위기자와 위기 협상팀의 원활한 의사소통이다. 그리고 보통 장시간 위기 상황에 노출된 위기 협상팀을 안전하게 보호하기 위해서는 장비가 필요하다.

① 협상폰
협상폰은 주로 비대면 협상에 필요한 장비로, 위기 협상팀 간의 원활한 정보 공유는 물론 현장을 보다 쉽게 관찰하기 위한 대화 창구라고 할 수 있다. 위기자에게 제공하는 전화기(Throw Phone)와 위기 협상팀이 사용하는 협상 키트를 가리켜 모두 협상폰이라고 한다.
협상폰을 통해 위기자는 위기 협상팀과 쉽게 대화할 수 있으며, 위기 협상팀도 위기자와 언제든지 대화가 가능하다. 전파를 이용하지 않기 때문에 통신 기술상의 문제가 발생하지 않으며, 위기자와 휴대폰으로 통화하는 경우에도 블루투스를 활용해 협상 키트를 활용할 수 있다. 하지만 미국에서 제작되어 110v여서 전원 연결에 별도의 연결 장치가 필요하고, 많은 전용선 때문에 전용 차량에 탑재되지 않으면 위기 현장에 가져가더라도 설치가 어렵다. 또한 굵은 전선이 있어 실내에 있는 위기자가 문을 정확히 닫고 잠글 수가 없어 활용이 제한될 수 있다. 하지만 인질 상황에서 인질범과 인질을 위해 꼭 필요한 장비이다.

위기 협상팀이
활용하는
협상 키트

위기자에게
주는 전화기

② 위기 협상 차량

미국에서 제작된 협상폰의 특성상 위기 현장에서 사용하기 위해서는 이동식 장비에 탑재되지 않으면 기술적으로나 물리적으로 현장에 설치하기가 어렵다. 그리고 위기 협상팀은 고도의 집중력을 요하므로 독립된 공간이 필요한데, 이러한 목적을 충족시키기 위해 위기 협상 차량이 활용된다.

국내 위기 협상 차량

내부 모습

외부 모습

미국 NYPD 위기 협상 차량

외부 모습

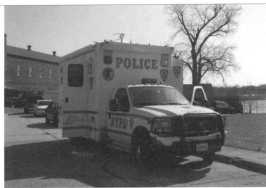

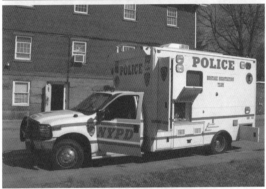

외부 통신선
접속 패널

차량 내부의
각종 통신 및
오디오 장비

차량 내부에
설치된 협상 키트
및 위성 전화
등의 통신 장비

주 협상관과
보조 협상관
좌석

정보관 좌석

차량 내부에서
협상하는
위기 협상팀
(왼쪽부터 정보관,
협상팀장,
주 협상관,
보조 협상관)

미국 FBI 위기 협상 차량

외부 모습

잭슨빌 보안관실(Jacksonville Sherrif Office) 위기 협상 차량

내부의
각종 통신 및
사무 기기

협상 키트 및
헤드폰

내부 상황판

협상관 좌석

외부 모습

외부 통신선
패널

외부 통신선
확장선

양날의 검, 제3중재인

위기 협상에서의 제3중재인(Third-Party Intermediary)은 위기자와 위기 협상관이 아닌 모든 개인을 말하며, 주로 위기자의 가족이나 공식적인 중재인을 말한다.[9]

위기 협상은 협상 당사자인 위기자와 이에 대응하는 경찰의 대화와 협상을 통한 상호 작용을 기반으로 하는데, 개인인 제3중재인의 위기 협상 참여는 논란의 여지가 있을 수밖에 없다.

특히 2015년에 발생한 '안산 인질 살인 사건'은 성공적인 위기 협상이었다는 경찰 내부의 평가와는 달리 일부 학자의 의견을 반영 해 언론에서는 인질범의 부인을 제3중재인으로 직접 협상에 참여시켜 위기자의 감정을 고조시켰다고 비판했다.[10]

---

9 Stephen J. Romano, S, "Third-party intermediaries and crisis negotiations", 〈FBI Law Enforcement Bulletin, 1998. 10, p.20.

10 〈'안산 인질극' 경찰 '협상 작전' 제대로 했나?〉, YTN, 2015. 1. 14(http://www.ytn. co.kr/_ln/0103_201501141258025254).

미국에서는 제3중재인이 위기 협상의 17%에서 사건의 평화적인 해결을 위해 활용되고 있다.[11] 실제로 우리나라도 2014년 6월 23일, 동료 군인 5명을 사살하고 무장 탈영한 임 병장과의 협상 과정에서 위기자의 부친이 참여하는 등 제3중재인이 위기 협상에 개입하고 있다.

그런데 제3중재인은 위기 협상 발전 초기부터 협상 과정에서 활용이 권고되지는 않았다.[12] 사실상 위기 협상 발전의 초기 단계에 있는 우리나라에서는 아무런 고려 없이 제3중재인을 위기 협상 과정에 참여시키고 있어 신중함이 필요하다.

위기 협상은 경찰의 책임하에 위기 상황에 처한 개인이 정상적인 사고를 할 수 있도록 통제된 환경을 조성하고, 대화를 통해 시간을 보내면서 위기자가 점차 현실을 제대로 인식할 수 있도록 하는 기법이다. 이에 모든 협상 과정이 경찰에 의해 통제되어야 하고, 그 과정에서의 역동성에 대응하기 위해서 경찰에게는 유연성과 창의성이 요구된다. 따라서 제3중재인의 참여는 경찰이 위기 협상의 기술로써 신중하게 고려해 활용할 수 있다.

---

11   FBI 법 집행 게시판(FBI Law Enforcement Bulletin) 2014. 5. 3에서 재인용.

12   Wayen Fuselier,W. "A practical overview of hostage negotiations", 〈FBI Law Enforcement Bulletin〉, June/July, 1981. p.8.

제3중재인을 바라보는 시각

로마노(Romano)는 제3중재인의 범위를 위기 협상관이 아닌 개인으로, 가족이나 친지, 그리고 공식적 중재인이라고 정의했다. 개인과 가까운 친구는 주로 위기자의 감정 변화에 영향을 미치지만 전체 협상 전략에 해를 끼칠 수 있고, 공식적 중재인은 위기자의 가치관이나 해결책의 중재에 영향을 줄 수 있다고 했다.

또 그는 제3중재인은 훈련받지 않은 개인이므로, 협상에 참여하기 전 제3중재인이 자신의 역할에 대한 제한과 한계를 완전하게 이해하도록 해야 한다고 했다. 제3중재인을 활용할 때는 신중하게 협상에 도움을 줄 수 있다고 판단해야 하며, 조급하게 결정해서는 안 된다고 했다. 또 협상관은 위기자의 감정이 동요될 수 있는 개인의 참여가 가져올 위험과 이익에 대해 파악해야 한다고 했다. 적절한 제3중재인을 확인하기 위해 위기자가 가족, 친구, 또는 지인 등 특정인과의 면담을 먼저 요구했는지, 그랬다면 특정 개인과의 면담을 요청한 이유는 무엇인지를 파악해야 한다는 것이다. 전화, 육성, 일방적 대화, 테이프 등을 통한 공식적 메시지, 직접 면담 등의 다양한 면담 방법 중에서도 경찰이 효과적으로 통제할 수 있는 전화나 공식적 메시지를 추천했다.

특히 위기자에게 있어 본인이 경찰에게 스스로 항복하는 행위는 엄청난 굴욕감을 줄 수 있기 때문에 제3중재인의 등장은 위기자의 체면을 유지하기 위해 자주 요구된다고 했다. 따라서 통제되지 않는 제3중재인은 위기자의 감정을 자극시켜 협상 과정을 방해하지만, 신중하게 선택되고 통제된 상황에서의 활용은 협상에 도움을 준다고 결론지었다.

랜셀리(Lanceley)는 경찰관을 제외한 가족, 친구, 변호사, 성직자, 정신 보건 종사자, 언론을 제3중재인이라고 정의하고, 경찰관이라고 할지라도 위기자와 개인적으로 관계가 있다면 제3중재인에 포함된다고 했다. 따라서 제3중재인은 위기 협상의 성공적인 해결을 위해서 경찰이 활용할 수 있는 경찰 이외의 개인이나 단체를 의미하는 것이다. 즉, 위기자의 가족, 친구, 지인, 그리고 위기자가 요구하는 단체나 공식적 중재인을 모두 포함하며, 경찰 외 협상에 참여하는 정신과 전문의, 심리 전문가 등 정신 보건 종사자, 통역인도 제3중재인에 포함된다고 보았다. 다만 이들은 전문적인 훈련을 받지 않았고 폭력적인 상황에서 자신의 전문성을 발휘할 수 없을 가능성이 높다고 언급했다.

또한 그는 1970년대 초창기의 위기 협상 교육은 제3중재인의 직접적인 협상 참여를 금기시했으나, 현장에서는 종종 좋은 효과가 나타나는 사례가 있어서 활용되었다고 말했다. 그러면서 제3중재인 활용 시의 문제점을 다음과 같이 제시했다. 제3중재인의 직업 윤리가 협상의 진전을 방해할 수 있고, 위기 협상의 스트레스로 인해 부적절하게 대응할 가능성이 있다. 또 폭력적인 상황에 익숙하지 않고, 경찰의 업무나 작전에 대한 이해가 부족하며, 경찰이 통제력을 상실할 경우에 문제가 있을 수 있고, 제3중재인에 대한 위기자 반응의 예측 불가능성을 언급했다.

푸셀리어(Fuselier)는 FBI의 협상관으로, 위기 협상 발전의 초기에 제3중재인의 역할에 대한 가이드라인을 제시했다. 인질 협상에서 남편, 부인, 친척이 직접 인질범과 협상하겠다고 말한다면 허락해서는 안 된다고 했다. 특히 인질범이 특정인을 지칭해 면담을 요구하면 우선 이유를 질문해야 한다고 했다. 인질 현장에서의 면담 요구는 위기자가 자신의 중요한 과제를 수행하기 위해 요구하는 것이며, 종종 배우자 앞에서 자살을 시도하기 위한 목적이 되기도 한다고 했다.

스트렌츠(Strentz)는 제3중재인을 활용하면 발생할 수 있는 문제점을 다음과 같이 제시했다. 스트레스를 받는 상황에서 제3중재인은 경찰이 원하는 방향보다는 자신이 편한 행동을 할 수 있으며, 위기자가 제3중재인에게 적개심을 가지고 있을 가능성이 있다.

또 제3중재인은 폭력적인 상황이 익숙하지 않으며, 범죄인과의 대화를 불편하게 느낄 수 있고, 제3중재인의 참여가 경찰의 작전 전체를 위험에 빠트릴 수 있다고 언급했다. 직접적인 면담의 경우에는 제3중재인의 생명과 신체에 위험이 발생할 수 있고, 제3중재인이 전화기를 넘겨받는 순간부터 통제가 어렵고, 제3중재인의 협상 참여 목적이 경찰과 다를 경우에는 다른 문제가 발생할 수 있다고 지적했다.

결론적으로 제3중재인의 활용이 필요한 상황이 분명 있지만, 잠재적으로 위험한 전술이기 때문에 통제와 철저한 계획하에 활용되어야 한다고 했다.

통제된 제3중재인의 활용 가이드라인

통제된 제3중재인은 전체적으로 위기 협상을 지휘하는 경찰의 전략에 의해 신중하게 선택된다. 여기서 '통제된'의 의미는, 걸리버(Gulliver)의 협상 순환 모델에서 볼 수 있듯 제3중재인의 정보는 위기자와의 직접적인 정보 교환이 아니라, 경찰의 인식과 평가 및 정보를 통해서만 위기자에게 전달되어야 함을 의미한다.

제3중재인 참여의 신중한 선택

제3중재인은 위기 협상에 대한 훈련을 받은 경험이 없고, 폭력적인 상황의 충격, 위기자와의 좋지 않은 사전 관계 등으로 위기 협상에 참여하게 될 경우에 적절치 못한 행동을 할 가능성이 높다. 위기 협상관이 성공적인 해결을 위해 제3중재인의 필요성이 절대적이라고 판단했다면, 위기자와의 사전 관계(특히 최근 관계)를 확인하고 제3중재인의 역할에 대한 설명과 한계에 대해 반드시 정보를 제공해야 한다.

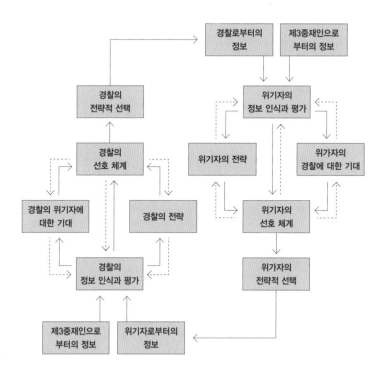

걸리버의 협상 순환 모델[13]

특히 위기자가 특정인을 지명해 대화를 요구했다면, 먼저
대화를 하고 싶은 이유를 묻고, 제3중재인의 참여를 더욱
신중하게 결정해야 한다. 가정 폭력이나 자살 시도의 경

---

13 Gulliver, P.H., "Disputes and Negotiations: A Cross Cultural Perspective",
   Academic Press, 1979. 걸리버는 당사자(Party), 상대방(Opponent), 제3자(Third
   parties)를 경찰, 위기자, 제3중재인으로 변경했다.

우에 위기자가 직접 대화를 요구하는 제3중재인의 개입은 위기자의 자살이나 인질의 살해로 이어질 가능성이 높기 때문에 가급적 권고하지 않는다.

다음으로 위기자와 제3중재인과의 사이에 잠재적인 문제점, 제3중재인에게 위험이 발생할 가능성에 대해 검토해야 한다. 가정 폭력에서는 통상 제3중재인이 위기자에게 강한 감정을 유발하기 때문이다. 제3중재인을 활용하는 상황과 경찰이 계속 협상을 주도하는 상황을 비교해 보다 효과적인 대안을 선택해야 한다.

제3중재인의 활용 시기

사건 초기에 성급하게 제3중재인이 투입된다면, 제3중재인으로서 자격이 적절한지 사전 확인이 부족해 협상에 방해가 될 수 있다. 위기 협상의 기본 원칙은 시간을 끌면서 가급적 위기 협상팀에 의해 협상을 하는 것이다. 그런데 위기 협상에서 위기자가 경찰에 투항을 고려할 때 자신의 체면 유지를 위해 제3중재인을 요구하는 경우가 있다. 특히 위기자에게 투항은 심한 모욕감을 줄 수 있는데, 제3중재인의 개입은 이런 감정을 상당히 완화시킨다. 하지만 투항 시라 할지라도 위기 상황의 초기나 위기자의 감정이 고조되어 있는 경우에는 더욱 신중하게 결정해야 한다.

협상 과정 중에 협상이 진행되지 않거나, 위기자가 직접 제3중재인을 요구한다면 제3중재인의 활용을 검토할 적절한 시점이라고 할 수 있다. 제3중재인을 활용하기로 결정했다면, 첫째, 위기자와의 관계에 대해 가능한 많은 정보를 수집해 중재인으로서의 적절성을 검토해야 하고, 둘째, 제3중재인이 경찰의 지시나 정보를 수용할 능력에 대해 평가해야 한다. 제3중재인은 위기자에 대한 감정과 관계없이 자신의 역할에 대한 한계와 협상 과정에서 자신이 해야 할 행동에 대해 잘 이해하고 수용해야 한다. 제3중재인의 경찰에 대한 협력 의지가 성공적인 위기 협상을 결정하는 중요한 요소이기 때문이다.

제3중재인과 위기자와의 대화 방법

전화는 가장 안전하고, 통제하기 쉬운 통신수단이다. 특히 휴대폰의 경우에는 스피커폰 기능을 활용해 대화 내용을 협상팀이 공유할 수 있고, 녹음도 할 수 있다. 위기자로부터 안전하게 거리를 두고 대화할 수 있으며, 경찰 임의대로 상황에 따라서 적절하게 대화를 중단시킬 수 있는 장점이 있다.

반면, 육성 대화는 전화와 달리 현장의 소음 등으로 인해서 잘 들리지 않으면 의사소통이 어렵다. 위기자와의 거리를 둘 수 있어서 안전하지만, 경찰이 원하는 때에 대화를 중단시킬 수 없는 어려움이 있다.

일방적인 의사 전달은 비디오, 문서, 노트 등에 의한 제3중재인의 의견을 저장해 위기자에게 전달하는 방식이다.

경찰의 완전한 통제가 가능하고, 중재인의 안전을 확보할 수 있다는 장점이 있다.

일대일 대면은 위기 상황 현장이나 외부에서 위기자와 제3중재인이 직접 대면하면서 대화하는 방식이다. 최소한의 거리를 두어 제3중재인의 안전을 유지해야 하며, 사전에 위기자와의 관계를 면밀히 점검해야 한다. 경찰의 통제를 벗어난 완전한 일대일 면담은 위기자의 대응 행동을 예상할 수 없어서 권고하지 않는다. 최소한의 경찰 통제가 이루어져 하기 때문이다.

공식적인 회담은 집단에 의한 인질 상황이나 테러 상황에서 효과적인 방법으로, 인질범 집단과 협상팀을 참여시켜서 제3중재인이 적대적인 당사자 간의 대화를 유도하는 데 유효하다. 특히 장소 선택에 있어 가장 큰 척도는 안전이어야 하며, 상황을 종료하는 단계에서 유리하다. 이에 '통제된 제3중재인'의 개념을 실제 사례에 적용해본다면 경찰의 제3중재인 활용의 적정성 여부를 검증할 수 있을 것이다.

'통제된 제3중재인'의 개념과 활용 방안에 대한 가이드라인에 맞춰 적절하게 제3중재인의 활용 여부를 검증할 수 있는 좋은 연구 사례로는, 2015년에 일어난 '안산 인질 살인 사건'[14]을 들 수 있다.

---

14 사건 전개 과정은 3장 〈사이코패스 인질범을 대하는 법 : 안산 인질 살인 사건〉을 참고하길 바란다.

통제된 제3중재인 활용 사례: 안산 인질 살인 사건

제3중재인 참여의 신중한 선택

인질범 김상훈은 부인이 이혼을 요구하면서 만나주지도 않고, 전화도 받지 않은 데 화가 난 나머지 최후의 수단으로 사건 전날 부인의 전남편 집에 침입했다. 인질범은 부인의 대화 거부를 이유로 피해자 2명을 살인하고 인질 상황을 벌였다. 이에 경찰에게 선택지는 부인을 제3중재인으로 활용하느냐의 여부였을 것이다.

위기 협상팀과 협상 전문가가 도착한 후, 그들은 급한 용무가 있다는 핑계로 부인을 제3중재인에서 제외시키고 협상의 주도권을 경찰에 가져오려고 세 차례 시도했다. 그러나 부인과의 대화 단절이 조금이라도 길어지면, 인질로 잡혀 있는 첫째 딸이 처절한 비명과 함께 애타는 목소리로 엄마와의 즉각적인 대화를 간청했다. 이에 협상팀에서는 제3중재인의 협상 제외가 인질의 목숨을 위험하게 할 수도 있다고 판단해 경찰의 협상 주도를 포기하고 부인을 제3중재인으로 활용하기로 결정했다.

가정 폭력이나 자살 시도 상황에서는 위기자가 직접 요구하는 제3중재인의 등장이 위기자의 자살이나 인질의 살해를 불러올 수 있기 때문에 권고되지 않는다. 하지만 협상팀의 협상 주도 노력에도 불구하고 일관되게 인질범이 부인과의 대화를 요구하고, 자신의 의지를 관철하기 위해 인질의 생명을 위협하는 상황에서는 제3중재인의 활용이 일종의 위기 협상팀과의 주도권 대결 형태로 변질되기 쉽다. 이러한 상황은 협상 진전에 방해가 되며, 인질범은 인질을 억류하고 있는 지위를 과시하기 위해 인질에게 위협을 가할 수도 있다. 따라서 제3중재인의 적절성보다는 인질범과의 사전 관계에 대한 정보 수집과 안전에 대한 검토가 필요하다.

제3중재인의 활용 시기

협상 초기 위기 협상팀이 현장에 도착하기 전, 경찰은 부인의 제3중재인 활용에 대해 사전 확인을 충분히 하지 못했다. 위기 협상팀이 도착하기 전에 이미 인질범과 부인이 휴대폰으로 대화를 하고 있었으며, 현장에 최초 출동한 경찰관들도 이에 대한 위험성을 인식하지 못했다. 다만 인질범이 협상 중 보인 언행이나 사후의 조사 과정에서 나타난 부인에 대한 심한 의처증, 그리고 계속해서 부인이 대화를 거부해 전남편의 집에 침입한 사실 등을 근거로 판단해보면, 처음부터 위기 협상팀과 협상을 진행했다 하더라도 부인과의 대화가 최우선 요구 사항이었을 것으로 예측된다. 따라서 부인의 제3중재인으로서의 활용은 시기의 문제였다고 볼 수 있다.

제3중재인의 활용은 협상 진행 발전이 막히거나 위기자의 요구에 의해 고려될 수 있다. 인질범은 대화를 거부하는 부인과의 대화 기회를 만들기 위해 처음부터 인질 상황을 고려하고 부인의 전남편 집에 침입해 두 딸을 인질 삼아 부인과의 대화를 요구했다. 이 사건에서는 제3중재인의 활용이 경찰의 협상 진행 목적보다는 위기자의 요구에 의해 고려된 것이다. 게다가 경찰이 현장에 출동하기 전부터 이미 인질범과 부인이 휴대폰을 통해 대화를 하고 있는 과정이었기 때문에 제3중재인을 활용할 것이냐의 문제라기보다는 제3중재인을 배제하고 위기 협상팀이 협상의 주도권을 쥐어야 하느냐의 문제라고 할 수 있다.

제3중재인을 배제하려는 위기 협상팀의 여러 번의 노력에도 불구하고 인질의 생명을 위협하는 인질범이 보인 강력한 저항은 협상 전략의 프레임을 바꿔야 할 필요가 있게 만들었다. 이러한 면에서 위기 협상팀보다는 제3중재인의 활용으로의 협상 전략을 바꾼 것은 적절한 결정이었다고 판단된다.

부인은 제3중재인으로서 자신의 두 딸의 생사를 걱정하는 마음에 위기 협상팀의 지도와 권고에 협력했으며, 결과적으로 휴대폰을 통해 안전하게 협상이 이루어져 제3중재인 활용의 적절성에도 문제가 없었다.

제3중재인과 위기자와의 대화 방법

협상 시작부터 제3중재인은 자신의 휴대폰으로 인질범과

대화를 했고 휴대폰의 스피커폰 기능을 통해 현장의 위기 협상팀과 대화 내용을 공유할 수 있었다. 인질범의 자극적인 언행과 요구에 우선 위기 협상팀이 부인이 해야 할 말을 인질범이 듣지 못하도록 노트에 적어 구체적으로 제시하고, 부인은 이를 충실하게 수행했다. 인질 현장에서 격리된 장소에서 휴대폰으로 협상을 해 제3중재인의 안전에 위협이 되지 않았으며, 경찰의 판단에 따라서 대화 내용을 중단시킬 수 있었다. 따라서 위기 협상팀이 현장에 도착한 이후에는 경찰의 전반적인 협상 전략에 부인이 적극적으로 협력해 실질적으로 통제된 제3중재인의 역할을 수행했다.

제3중재인으로 부인을 참여시킨 결정은 적절했다고 생각된다. 인질범이 부인과의 대화를 먼저 요구했고, 경찰이 현장에 도착하기 이전에 이미 두 사람이 휴대폰으로 대화를 하고 있는 상황이었기 때문이다. 만약 경찰이 제3중재인을 배제하고 협상의 주도권을 행사하려고 계속해서 시도했다면, 인질범의 강력한 저항에 부딪혀 인질의 생명이 위험했을 것이다. 또한 협상의 전 과정에서 부인 휴대폰의 스피커폰 기능을 활용해, 대화 내용이 위기 협상팀과 공유되었고, 부인이 경찰의 협상 전략에 적극적으로 맞추어 행동함으로써 통제된 제3중재인으로 역할을 훌륭히 수행했다. 인질범의 공격적이고 모욕적인 언사에도 침착하게 대응하고, 인질범의 분노에도 적절하게 답변함으로써 인질범의 감정 분출과 안정에 기여해 성공적으로 협상할 수 있었다.

통제된 제3중재인의 개념과 활용 방안에 대한 가이드라인을 안산 인질 살인 사건에 적용해보면, 외부의 비판처럼 제3중재인을 활용한 경찰의 대응이 위기 협상에 있어 대응 실패였다라고 분석하기는 어렵다. 물론 경찰의 통제나 적절한 조치 없이 제3중재인이 직접 위기자와 협상을 하면 위기자의 감정 안정에 부정적인 자극을 줄 수 있고, 경찰의 협상 전략을 이해하지 못한 제3중재인의 부적절한 행동으로 비극적인 결과를 맞이할 수도 있다. 하지만 사전에 제3중재인을 신중하게 선택하고 '통제된 제3중재인'으로 활용한다면, 협상 전략상 충분히 긍정적인 결과를 가져올 수 있다.

제3중재인이 경찰의 협상 전략과 권고에 따라 위기자에게 대응하고, 스스로 역할의 한계를 인식하고 협상에 참여한다는 것이 보장된다면, 위기 상황의 성공적인 해결을 위해서 제3중재인의 활용을 주저할 이유는 없다. 이에 제3중재인의 활용 자체를 비판하기보다는, 상황과 방법에 따라서 경찰의 통제하에 활용되었는가 하는 문제가 더욱 중요할 것이다.

모든 위기 상황에서 제3중재인의 활용 자체가 금지되는 것이 아니다. 따라서 경찰의 적절한 통제 상황하에서 제3중재인을 활용하기 위해서는 '통제된 제3중재인'의 활용 방안에 대한 가이드라인에 맞게 위기 협상 매뉴얼을 개정하는 작업이 수행되어야 할 것이다.

협상이 끝난 뒤
해야 할 일

협상 종료 후에 하는 협상 평가는 2가지 목적에 부합한다. 첫째, 위기 협상 기술을 발전시키기 위한 제도로 활용하기 위함이고, 둘째, 협상 과정에서 경찰이 취한 행동들을 기록하는 효과적인 방법으로써 의미가 있다. 이러한 인질 상황을 재검토하는 체계적인 방법은 각 구성원이 자신의 행동을 방어할 수 있는 최적의 상태에 있게 하는 데 도움을 준다.

협상 평가를 하는 방법은, 기본적인 정보를 요약한 후 위기 협상팀의 결정과 행동을 재고해보는 것이다. 협상관은 모든 사건에 대해 사후 보고를 해야 하는데, 중점적으로 살펴보아야 하는 부분은, 결정이 내려질 당시 어떤 정보가 사용 가능했는지, 어떻게 정보가 이용되었는지이다. 훈련과 전술의 변경과 같은 중요한 결정은 사후 평가의 연구 분석 자료에 의해 이루어진다. 결정 목표는 상황에 따라서 단계적으로 나타나며, 그것들은 다음의 내용을 포함한다.

- 사건의 유형이 정해졌고, 당신은 어떠한 전략과 전술을 이야기할 수 있었는가?
- 적절한 정보가 수집되고, 분석되고, 전파되었는가?
- 사건은 협상 가능하거나 협상을 가능하게 만들었는가?
- 요구가 기록되고, 그들이 당신에게 무엇을 말하고 있었는가?
- 인질범의 감정, 행동, 그리고 인식 상황이 정해졌고, 그것들이 전략과 전술을 진행하는 데 어떻게 도움이 되었는가?
- 인질범의 자살 가능성이 평가되었는가?
- 인질범의 공격 위험성이 평가되었는가?
- 목격자나 가족, 구경꾼들이 적절하게 분리 및 통제되었는가?
- 계획을 시작할 때 안전과 보안을 염두에 두었는가?
- 위기 상황에서 의사소통 기술이 적절하게 사용되었는가?
- 설득 기술들이 사용되었는가? 어떻게 그것들이 사용되었는가?
- 지휘부와 전술팀 간의 의사소통과 통신이 명확하고, 열려 있으며, 시의적절했는가?
- 인질범의 행동에 대한 평가가 있었는가? 또한 그러한 행동에 따른 대응으로의 계획을 발전시켰는가?
- 처음 계획이 잘 진행되지 않을 경우, 차후 다른 지원 계획을 개발했는가?

- 기본적인 가이드라인이 사용되었는가?
- 무엇이 활용되고 무엇이 활용되지 않았는가?
- 다음에 충고할 수 있는 부분은 무엇인가?

인질 상황에 배치되어 협상에 참가했던 협상관의 경험으로부터 얻은 교훈을 배우기 위해서는 사건 후에 엄밀한 조사가 있어야 한다. 업무 평가의 목적은 협상팀을 비난하기 위해서가 아니라, 잠재적 문제를 해결하고 확인하기 위해서이다. 따라서 업무 평가는 협상팀 구성원들 간 존중하는 분위기와 문제를 해결하고자 하는 관점에서 이루어져야 한다. 업무 평가의 이슈는 '어떠한 정보가 수집되어야 하고 평가되어야 하는가'라는 것임을 명심하자.

나오며

처음 '위기 협상'을 접했을 때의 설렘과 기대, 그리고 '정말 효과적일까' 하는 의문이 다시금 떠오른다. 미국 NYPD의 인질 협상 교육 과정을 마치고 귀국하면서, 반드시 우리나라에도 위기 협상을 정착시켜서 시민들의 생명을 더 잘 보호해야겠다는 결심을 했었다. 그 후 12년 만에 나의 바람을 담아 책을 출간하게 되었다.

다행히 이제는 위기 협상 교육이 경찰대학에 정규 과목으로 편성되어 있고, 경찰수사연수원에서도 매년 위기 협상 교육을 진행하고 있다. 해양경찰청이나 국방부는 부정기적으로나마 강의와 훈련을 진행하고 있다. 전국의 경찰청에는 위기 협상팀이 조직되었고, 많은 국민이 막연하게나마 경찰의 위기 협상팀의 존재를 인식하게 되었다. 그리고 tvN의 〈피리 부는 사나이〉, 영화 〈협상〉 등 매체를 통해 위기 협상팀의 역할에 대해서도 알게 되었다. 처음 위기 협상을 우리나라에 정착시키고자 할 때는 경찰관들조차 "위기 협상이 뭔가요?" 하고 질문을 할 정도였는데, 그 시절과 비교하면 참으로 격세지감이다. 위기 협상이 우리나라에 정착하기까지 많은 분과 같이 일하며 노력했던 기억이 난다.

여러 현장과 강의를 통해 느꼈던 경험과 지식을 이 책에 담고자 노력했다. 미력하지만 실제 위기자들과 대화하고 협상해야 하는 분들에게 도움을 주고 싶었다. 원고를 마무리하는 시점이 되니, 그동안 나의 게으름으로 미루었던 숙제를 마친 듯한 기분이 든다.

현장에서는 일촉즉발의 위기 상황을 해결하기 위해서 물리력 행사가 효율적이고 강해 보일 수 있다. 하지만 여러 위기 현장에서 축적된 나의 경험으로 미루어보았을 때 대화와 협상이 최고의 무기라는 확신이 든다. 그렇기에 협상 과정에서는 전문성을 갖춘 협상가의 역할이 무엇보다 중요하다.

이 책에는 위기자의 마음을 이해하는 데 필요한 협상가의 자세, 원만하게 협상을 하기 위한 방법 등 위기 협상 전문가가 알아야 할 것들이 담겨 있다. 현장에서 근무하는 분들이 어떻게 해야 위기자의 생명을 구할 수 있을지 궁금하다면 이 책을 지침서로 활용해주면 좋겠다.